KB071418

동전의 옆면도
볼 줄 알아야 한다

동전의 옆면도
볼 줄 알아야 한다

초판 1쇄 발행 2023년 4월 5일

지 은 이   조동호
발 행 인   권선복
편   집   한영미
디 자 인   김소영
전 자 책   서보미
마 케 팅   권보송
발 행 처   도서출판 행복에너지
출판등록   제315-2011-000035호
주   소   (157-010) 서울특별시 강서구 화곡로 232
전   화   0505-613-6133
팩   스   0303-0799-1560
홈페이지   www.happybook.or.kr
이 메 일   ksbdata@daum.net

값 20,000원

ISBN   979-11-92486-67-3 (13320)

도서출판 행복에너지는 독자 여러분의 아이디어와 원고 투고를 기다립니다. 책으로 만들기를
원하는 콘텐츠가 있으신 분은 이메일이나 홈페이지를 통해 간단한 기획서와 기획 의도, 연락
처 등을 보내주십시오. 행복에너지의 문은 언제나 활짝 열려 있습니다.

살아 있는 금융마케팅 비법 + 돈이 보이는 은행이용 길잡이

동전의 옆면도 볼 줄 알아야 한다

조동호 지음

도서
출판 **행복에너지**

30년 가까운 금융인으로서의 내 삶은 크게 두 가지로 나눌 수 있다.

하나는 본사 근무이고 또 하나는 영업점 근무이다.

본사에서는 수협법 개정, 무디스/S&P 신용평가, 국제회계기준IFRS 개정, 채권관리 등의 일을 하면서 보통 금융인들이 쉽게 접할 수 없는 소중한 경험을 할 수 있었다.

본사에서 영업점이라는 혹독한 정글의 세계에 내던져졌을 때는, 한때 길을 찾지 못해 '영업점 부적격자'라는 소리까지 듣기도 했다. 다행히 얼마 안 가 스스로 길을 만들어 내어 소속 지점이 6년 연속 전국 상위권에 들 수 있을 만큼 금융마케터로서도 입지를 굳힐 수 있었다.

본사와 영업점이라는 어떻게 보면 극과 극의 경험이 오늘날의 단단한 나를 만드는 데 더없이 소중한 자산이 되어준 것이다.

세상은 하루가 다르게 빠른 속도로 변화하고 있다. 혹자들은 문명의 발전과 반비례해 오히려 날이 갈수록 살기가 팍팍해진다고 한다.

그러나 나는 어떤 상황에서든 열심히 노력하면 불가능은 없다고 믿는다.

현재 대한민국도 안팎으로 매우 어렵지만 그럼에도 불구하고 살아갈 만하다고 생각한다. 스스로 포기하지 않는 한 아직 대한민국에는 해볼 만한 기회가 많은 것이다.

데일 카네기도 말하지 않았는가. "Most of the important things in the world have been accomplished by people who have kept on trying when there seemed to be no hope at all." (이 세상에 대부분 중요한 것들은 희망이 전혀 없어 보일 때 노력을 계속한 사람들에 의해 이뤄져 왔다.)

금융마케팅 비법이라고 해서 너무 어렵게 생각할 건 없다.

정글은 아프리카, 아시아, 브라질 등 다양하지만 입으로 밥 먹고 사는 것은 동일하다. 즉 마케팅은 다양하고 대상도 다르지만, 마케팅 비법은 유사한 부분이 많다.

내가 생각하는 금융마케팅 비법은 가장 기본적인 것에서부터 출발한다.

'금융맨들이 어떤 생각으로 고객을 응대하고, 어떤 방법으로 고객이 쉽게 이해하게 만드는가!'

이를 역으로 생각하면 사업하는 사람들이 금융맨을 이해함으로써 각자의 자기 사업에 접목할 수 있는 많은 시사점을 던져 준다.

적을 알아야 나를 바로 잡을 수 있다. 고객의 니즈를 정확히 파악하고 그에 맞는 나만의 마케팅 비법을 끊임없이 발굴해 놓아야 살벌한 정글의 세계에서도 살아남을 수 있는 것이다.

이 책에서는 본사 근무와 영업점 지점장으로서 겪은 경험을 사실적으로 적어 후배 금융인들이 참고할 수 있도록 했고, 개인사업자부터 일반 주부에 이르기까지 모든 고객이 은행을 똑똑하게 이용할 수 있는 팁을 제공한다. 더불어 모든 독자가 쉽고 재미있게 읽을 수 있도록 책의 뼈대를 고객관리/직원관리/자기관리 3파트로 나눈 후 각 꼭지마다 구체적 예시를 들어 놓았다.

바라건대 내가 금융인으로서 터득한 마케팅 비법을 가감 없이 기록해 놓은 이 책을 통하여, 국내외적으로 어려운 상황에서도 꿈을 잃지 않고 행복한 미래를 꿈꾸는 많은 이들에게 작은 위안이 되기를 희망한다.

1년이 넘는 시간 동안 내 금융생활을 찬찬히 돌아보며 마케팅 글을 쓸 수 있었던 것은 동료와 선후배, 그리고 가족의 전폭적인 도움과 격려 덕분이었다.

이 자리를 빌려 감사의 인사를 전하며, 지금까지 내가 근무하고 생활할 수 있도록 든든한 울타리가 되어준 수협은행에게도 진심으로 감사를 드린다.

2023년 3월 희망찬 봄을 꿈꾸며

조동호

수협은행장 **강신숙**

책 『동전의 옆면도 볼 줄 알아야 한다』에는 은행 본부부서 직원으로 시작하여 금융본부장으로 역임 중인 글쓴이의 지난 30년간의 고민이 고스란히 담겨 있습니다.

일기처럼 써 내려간 그간의 생생한 경험과 귀한 교훈들이 은행업권에 몸담으신 분, 은행 실무에 관심이 많은 분들에게 한 줄 한 줄 도움이 되시리라 생각합니다.

전 수협은행장 **김진균**

소중한 책을 집필한 저자는, 제가 회사 입사 선배이고 또한 고향 후배라, 입사 때부터 지켜봐 왔던 후배이자 친구입니다.

초년 시절에는 본사에 근무하면서 기획과 제도개선 일을 뛰어나게 잘했지만, '과연 이 친구가 영업 현장에서도 제대로 실력 발휘를 할까?' 의구심도 있었습니다.

그러나 본인이 타고난 부지런함으로 새벽 달리기를 하면서 자신을 다듬었고, 이것을 바탕으로 해서 고객 앞에 열정으로 다가가는 대단한 영업맨으로 성장하며, 수협 조직에서 최고의 영업능력을 보여주는 친구로 자리매김하였습니다.

이 책『동전의 옆면도 볼 줄 알아야 한다』는 은행 영업 일선에서 저자가 실행하고 체득하여 최고의 영업왕이 되기까지의 생생한 저자의 경험 노하우를 정리한 것으로, 영업에 뛰어들고자 하는 분이나, 은행 이용에 관심이 있는 분들에게는 아주 유용한 참고서가 될 것이라 믿어 널리 추천드립니다.

신방그룹 회장/공학박사 **박춘식**

'정직과 성실'

지금까지의 나를 만들어 준 나의 인생철학은 정직과 성실입니다.

우리 세대는 일찍 출근해서 업무를 준비하고 해야 할 일이 남으면 야근을 하는 것이 당연했습니다. 이런 나의 정직과 성실함이 아무것도 없었던 나를 이 자리까지 올려준 것이라 나는 굳게 믿습니다.

"세상의 어떤 것도 그대의 정직과 성실만큼 그대를 돕는 것은 없다"라고 벤자민 프랭클린은 말했습니다.

인간이라면 당연히 정직하고 성실해야 하는 것이 기본이고 미덕이었으나 요즘은 그것이 특기이자 장점이 되어버렸습니다. 참으로 아쉬운 현실이 아닐 수 없습니다.

조동호 본부장의 이번 출간에는 30여 년 가까이 금융맨으로 최선을 다해 정직하고 성실하게 살아온 인생철학이 녹아있으며, 그의 삶의 면면이 이 글을 읽는 이들에게 큰 도움이 될 것이라 생각합니다.

(주)엘림에프엔씨 회장 **조건규**

"금융인으로 첫발을 내딛는 사회 초년생과
나아갈 방향을 찾고 있는 금융 마케터에게 추천합니다"

기업인의 한 사람이자 고객으로 본 조동호 본부장은 철저한 자기 관리와 고객 니즈를 잘 파악하고 폭넓은 시야를 갖고 있는 금융인이라 생각한다. 혹독한 금융의 세계에서 자신의 한계와 싸우며 자신의 길을 개척하며 걸어온 뚝심 있는 사람이다. 기업이 어찌 항상 빛을 보겠는가… 위기가 있을 때마다 함께 이기며 위기를 기회로 바라보는 조동호 본부장의 눈이 있었기에 긴 시간 인연을 함께하고 있다.

저자 조동호는 많은 고객을 상대하고 지점들을 관리하며 걸어온 지난 30년간 금융 마케터로서의 경험과 노하우를 이야기식으로 무겁지 않게 풀어냈다. 누구나 자신의 일을 함에 있어서 시행착오로 쓰러질 때가 있고, 내가 가는 방향이 맞는지 의문이 들 때도 있을 것이다. 그때 누군가 걸어온 발자취를 보면서 동일한 감정을 느끼며 위로받고 도전할 힘을 얻는다고 생각한다. 자신의 한계와 싸우며 고민하는 후배들에게 위로와 도움이 될 것이라 믿으며 이 책을 추천한다. 정답은 매우 가까운 곳에 있다고 생각하고 이 책을 보았으면 한다.

CONTENTS

004   책머리에
008   추천사

PART 1

고객 관리 Customer management

018   01. 인생은 정글이다 (1)
027   02. 인생은 정글이다 (2)
035   03. 지구가 뱅글뱅글 돈다
040   04. 깃발만 꽂으면 내 것이다
045   05. 세상에 불가능한 것은 없다
049   06. 다양한 채널을 만들어라 (1)
056   07. 다양한 채널을 만들어라 (2)
060   08. 위기는 기회다
065   09. 세상에 공짜는 없다
070   10. 정답은 매우 가까운 곳에 있다
077   11. 여러 가지 업종의 고객 포트폴리오를 구축하라
081   12. 때를 맞추어 영업하라
085   13. 이 세상에 내 것은 하나도 없다
091   14. 하지 말라는 것을 해야 신규시장/신규고객 개척이 수월하다
094   15. 고객이 도움을 요청하면 'No'라고 하지 않기
098   16. 단어는 고객이 쉽게 이해할 수 있도록 사용해라
102   17. 본점상황, 금융시장, 정부정책 등을 예측하고 준비하라
106   18. 시장을 읽고 마케팅 기회(이익증대)를 찾아라

PART 2

직원 관리 Staff management

114 01. 동전에는 앞면과 뒷면 및 옆면도 있다

119 02. 총알을 아껴라

123 03. 신용대출은 절대 또는 될 수 있으면 하지 마라

127 04. 어려울 때 도와주라

135 05. KPI는 6개월마다 바뀐다

138 06. 비장의 카드는 항상 남겨두라

142 07. 민원이 발생하면 먼저 아랫선(책임자)에서 끝내도록 한다

147 08. 나만의 소통 방법을 찾으라 (1)

151 09. 나만의 소통 방법을 찾으라 (2)

156 10. 은행만의 장점을 숙지하라

163 11. 망설이지 말고 무조건 실천하라

167 12. 마케팅은 혼자 하는 것이 아니고 여러 사람이 어우러져 하는 것이다

172 13. 영업직과 관리직

176 14. 마케팅에 기본 상식을 접목하라

180 15. 짚신 장수의 유언 – 행간의 의미를 읽어라

185 16. 머리 검은 짐승 가르치려 하지 마라

191 17. 홍시는 만들어 먹어야 한다

196 18. 조그만 차이가 마케팅의 성공과 실패를 가른다

PART 3

자기 관리 Self management

204 01. 때가 되면 요청하라

212 02. 사표의 전말

216 03. 윗사람일수록 직원을 배려하라

222 04. 꼰대 소리 듣지 않으려면!

226 05. 맛난 음식과 재미

230 06. 때론 버릴 줄 아는 것도 길이다

237 07. 사막에도 정글이 있다

243 08. 가족, 지인 등과 거래하지 마라

245 09. 바닷물이 출렁임을 직접 느껴야 알 수 있다

248 10. 비워두라

254 11. 소풍

258 12. 때론 노이즈 마케팅도 필요하다

264 13. 가끔은 다른 길을 가봐야 한다

267 14. 겪어야만 인생의 의미를 알 수 있다

272 15. 오늘 하루는 나에게 준 선물

275 16. 남의 밥상에 함부로 손대면 안 된다

279 17. 빨간 김칫국물

283 18. 나만의 장점을 살려 고객에게 어필하기

291 출간후기

PART 1

고객 관리
Customer
management

"고객에게 더 가까이 다가가라.
너무 가까워서 고객 스스로가 알아채기도 전에
그들이 필요로 하는 것을 미리 말해 줄 만큼."

– 스티브 잡스(Apple 설립자) –

"고객과 더 많이 소통할수록 해야 할 일은 더 명확해지고
무엇을 해야 할지 결정하기도 쉬워진다."

– 존 러셀(Harley Davidson Europe VP) –

"우리는 파티의 호스트이고 고객은 파티에 초대된 손님이다.
고객 경험의 모든 중요한 부분을 조금씩 개선하는 것이 우리의 일이다."

– 제프 베조스(Amazon 설립자) –

"고객 서비스는 특정 부서가 아니다.

회사 전체가 되어야 한다."

— 토니 쉐이(Zappos CEO) —

"고객은 당신이 완벽할 것이라 기대하지 않는다.

문제가 생겼을 때 그것을 고쳐줄 것이라고는 기대한다."

— 도널드 포터(British Airways VP) —

"좋은 평판을 쌓는 데에는 20년이 걸리지만

무너뜨리는 데에는 5분이 걸린다.

이 사실에 대해 생각해 보면, 당신은 일을 다르게 할 것이다."

— 워런 버핏(Berkshire Hathaway CEO) —

01.

인생은 정글이다 (1)

인생은 살벌한 정글의 세계임을 인식하라.
도움 주는 사람은 없고 모두 비방하고 시기하며 경쟁자로 인식한다.

이 책을 읽는 여러분 중 "인생은 정글이다"란 말에 공감하는 사람은 몇이나 될까?

평탄했던 삶이 어느 날 갑자기 약육강식만이 존재하는 정글의 세계로 내동댕이쳐졌을 때, 그때의 당혹감과 절박함에 대해 아는 사람 말이다.

나는 정말이지 뼈저리게 겪어보았다. 지금도 그때를 생각하면 냉혹한 정글의 세계에서 어떻게 죽지 않고 살아남을 수 있었는지, 스스로 생각해도 신기할 정도다.

수협에서 27년 근무 중 거의 20년 정도를 본사에서 근무하였다.

본사에 있을 때는 주로 평범한 금융인들이 쉽게 접할 수 없는 수협법 개정, 무디스/S&P 신용평가, 국제회계기준IFRS 개정 등의 일을 하였고, 그중 7년간은 채권관리를 했다. 채권관리에 대해서도 최고의 전문성을 가져보고자 소장 작성부터 1심, 2심 변론까지 할 만큼 거의 끝까지 다 해 봤다고 해도 과언이 아니다.

인천 농신보(농림수산업자신용보증기금) 센터에 갔을 때의 일이다.

사실 농신보 발령은 본사에서 채권회수 업무에 너무 열중하다가 실명법 위반으로 징계를 받은 직후에 이루어졌다. 농신보는 농어업인을 위한 신용보증기관이다. 원래 주 관리은행은 농협이었고, 수협은 부 관리은행이었다.

그곳에서 센터 성과평가의 경우, 부실/연체 채권회수가 성과평가의 50% 비중이 처음 생기다 보니 농협 측에서 수협은행에 채권관리 전문가를 보내 달라는 요청이 있었다.

회사 입장에서는 채권회수에 뛰어난 내가 필요했으나, 금융실명법 위반은 위반이니 농신보에서 잠시 쉬었다 오라는 의미에서 나를 적임자로 보낸 것이다. 2002년 무렵이었다.

막상 농신보에 가서 채권관리 업무를 시작해 보니, 아무래도 그곳 분위기가 심상치 않았다. 농협 직원들이 수협 직원이라면 고개를 절레절레 흔들었고 너무 부정적인 시선으로만 보았다. 그들 눈에는 파견 나온 이전 직원들처럼 모든 직원이 시간만 때우고 일하는 흉내만 내는 것으로 보였나 보다.

그래서인지 어디를 가든 회의만 하면 맨 수협은행 욕만 들

려와 무척 언짢았고 '어디 너희들은 얼마나 일 잘하는지 한번
보자' 하는 오기가 생겼다.

　나는 우선 먼지가 하얗게 쌓인 캐비닛을 열고 몇십 년은 묵
은 것으로 보이는 부실채권 서류를 꼼꼼히 살펴보았다. 그런
데 이게 웬걸! 그렇게 수협은행 직원들을 욕하더니 겨 묻은 개
가 똥 묻은 개를 나무라는 격이었다. 한마디로 개판 5분 전이
었다. 재산을 빼돌린 채무자들이 상당히 많이 보였다.
　이후 불이 붙은 나는 전적으로 재산을 빼돌린 채무자들에
대한 채권회수에 집중했다.
　당시 60억 정도의 부실채권에 대한 부동산 가처분을 넣고
채권자 대위(사해행위) 소송을 걸었다. 60억 규모의 법적조치는
인천 농신보 역사상 전무후무한 일이었고, 그 당시에는 그러
한 법적조치는 변호사를 통해서 일부 가능할 수 있다는 시각
이 팽배했던 사안들이었다.
　그렇게 3개월쯤 지났을까. 가처분해 놓은 것을 법원에 계속
소장 제출하고 진행시키고 있었는데 위에서 지시가 내려왔다.
"제발 일 좀 하지 말고 그냥 쉬라"는 것이었다.
　사실 나도 여기서 더 깊이 파볼 생각은 없었다. 여러 가지
관계가 얽혀 있어 더 파봐야 내 직장생활에는 좋을 게 없을 것
으로 생각되었기 때문이다. 60억 채권회수, 여기까지가 딱 내
역할이라고 생각했다.

6개월 만에 다시 수협 본사로 돌아왔다. 짧은 기간이었지만 수협 직원의 한 사람으로서 긍지와 자부심을 가질 수 있도록 뚝심 있게 일한 덕분이었다.

농신보 센터에서도 "조 대리와 같은 능력 있는 직원이 수협은행에 돌아가서 일하는 것이 수협은행과 자기 발전에 더 좋겠다"라는 의견을 제시했다.

본사에 돌아와서는 대학 시절 전공했던 회계학에 관련된 수협은행 재무관리 등의 일을 도맡아 했다. 그 당시 수협은행의 신용등급은 AA-였다. 은행 채권을 발행하려면 AAA는 되어야 예금보다 채권발행으로 자금을 조달하는 것이 유리했다.

나는 그것을 목표로 한눈팔지 않고 누구보다 열심히 뛰어다녔다. 그 결과 3년 만에 신용등급 10등급을 올려 채권 AAA 등급을 획득하는 데 성공하였다.

사실 신용등급을 채권 발행등급으로 해서 10등급 올린다는 건 거의 전례가 없고 일반적으로 생각해 볼 수 없는 불가능한 일이나 마찬가지였다. 그런데 그걸 해낸 것이다. 더할 수 없는 보람과 긍지를 느꼈다.

2011년에는 국제회계기준IFRS을 개정하였다. 회계기준 개정 위원회board는 영국에 있었는데, 금감원이나 회계기준원에 찾아가서 회계기준 개정 건의를 했더니 거의 나를 반 '미친 놈' 취급하였다. 진짜 말도 안 되는 걸 개정하려고 했기 때문이다.

그런데 모든 비아냥과 우려를 불식시키고 이것을 1년 만에 개정해 내었다.

이후 본사에서 나오기 전 마지막으로 한 일은 수협중앙회에서 수협은행을 별도 주식회사로 분리하는 사업구조 개편을 위하여 수협법의 전면 개정 초안 등을 만들었던 일이다.

김앤장 법률사무소, 삼일회계법인 등과 함께 진행하였는데, 사업구조 개편을 위해서는 정부에서 대략 공적자금 5천억 정도를 받아야 안정적 분리가 가능했다.

하지만 이처럼 대규모 국가예산이 투입되는 사업에 대해 기획재정부 등에서는 사업의 타당성을 객관적, 중립적 기준에 따라 사전에 검증하는 제도가 있다. 이를 약칭 '예타(예비타당성조사)'라고 하는데 이것을 통과하기란 무척 어렵다.

나는 희한하게도 어려운 일일수록 더 해보자는 오기가 생긴다. 결국 실무적인 것은 내가 다 맡아 사전작업을 완벽하게 해놓은 후, 본사에서 나오게 되었다. 비록 본사에서는 나왔어도 힘들었던 만큼 보람과 기쁨도 두 배였다.

🌐 www.susantimes.co.kr › etnews

'수협법 개정안' 주요내용 - 한국수산신문

◆정부가 공적자금을 출연의 방법으로 지원할 수 있도록 함=국제회계기준이 도입될 경우 수협중앙회의 정상적 영업이 곤란하고, 어업인 지원 등 조합 본연의 기능을 수행하기 어려운 문제가 있다. 공적자금을 조기에 상환할 수 있도록 정부가 출자 이외에 출연의 방법으로도 자금을 지원할 수 있도록 근거조항을 마련한다. 한국...

대한민국
정책브리핑   정책뉴스 **수협구조개편 성공적 마무리 관련**

이익이 585억 원 수준이었으나, 5년 후인 2021년에는 1,300억 원 수준으로 될 것으로 예상하고 있습니다.

넷째, 공적자금 출자구조 변경입니다.

중앙회 신용사업은 2001년 경영부실로 예금보험공사로부터 공적자금 1조 1,581억 원을 지원받은 바 있습니다.

예보 출자금의 성격을 유지하면서 은행자본으로 전환하기 위해 출자구조를 변경하였습니다.

예보의 종전 신용사업 출자를 신용사업특별회계 출자로 바꾸고, 신용사업특별회계에서 신설된 수협은행에 출자하는 구조로 변경하였습니다.

마지막으로 정부지원입니다.

정부는 수협이 수협은행 자본 확충을 위해 발행한 5,500억 원의 수산금융채권 발행비용을 지원합니다. 연 103억 원, 5년간 총 515억 원을 지원합니다.

그러나 지금 생각해 보면 그렇게 20여 년을 오직 본사에서 일만 하며 보냈는데, 딱히 승진도 못 하고 어떠한 보상도 받지 못한 채 부지점장으로 나오게 되니, 팽당한 느낌에 울화가 치밀기도 했다. 지난 시간들이 마냥 허무하게만 느껴졌다. 또 한편으로는 조직의 무서움을 새롭게 느끼게 된 계기가 되었다.

이때부터였다. 나에게도 '인생은 정글'이란 삶의 법칙이 적용되기 시작한 것이다.

본사에서 국회나 금감원, 정부기관 등만 출입하며 주로 기획, 관리 업무만 해오던 내가 은행 영업이라는 약육강식의 새로운 정글 세계에 내동댕이쳐진 것이다.

한 번도 은행 영업을 해본 경험이 없는 온실 속 화초나 다름없던 나에게는 그야말로 청천벽력 같은 일이었다.

피도 눈물도 없는 냉정한 정글의 세계에서 처음으로 발령받은 곳은 서울 중구 다동 지점이었고 직책은 부지지점장이었다. 중구 다동 88번지. 현재는 서울중앙금융센터가 있다.

지금까지도 주소를 기억하고 있는 걸 보면 충격이 크긴 컸던 것 같다.

일선 현장으로는 처음 나온 것인데, 진짜 명함 하나 딱 파주고 알아서 하라는 식이었다. 그때까지 은행에 근무했어도 여신을 취급해 보기를 했나, 고객에 대한 마케팅을 해보기를 했나… 본사와는 전혀 다른 업무였기에 뭘 어떻게 해야 할지 몰랐다.

게다가 마케팅은 이렇게 하라고 가르쳐 주거나 얘기해 주는 사람이 단 한 명도 없었다. 도움을 주기는커녕 비방하고 시기하며 서로를 경쟁자로만 인식하고 있었다. 인생은 정글이라는 말을 뼈저리게 실감한 순간이었다.

그러나 누구를 탓할 수도 없었다. 은행 업무체계 상 지점장도 영업목표가 있고 부지점장도 별도 영업목표가 구분되어 있어 내 실적을 대신 메꾸어 줄 수 있는 것도 아니다.

한 지점에 같이 근무하는 직원들도 나를 도와주면 자신들의 KPI가 깎이니 그런 실적 차감을 감수하기 싫었을 것이다. 아무도 도와주지 않는 것이 어쩌면 당연한 일이었다.

지금은 다 이해되는 것이지만 그때는 정말이지 하늘이 무너져내리는 듯했고, 한 치 앞도 볼 수 없을 만큼 사방이 암흑천지였다. 영업에 관해서는 아무 경험도 없었기에 어디서부터 어떻게 물꼬를 터야 할지 당최 종잡을 수 없었다.

하루는 고심 끝에 우체국에 재직 중인 집사람에게 도움을 청했지만, 집사람조차 그 상황에 처해 있는 나를 이해하지 못했다. 돌아오는 말은 "내가 왜 도와줘?"뿐이었고, 집사람은 집사람대로 나는 나대로 속이 상해 이 무렵 자주 싸웠던 기억이 난다.

하물며 집사람도 그러한데 선배나 동료들이 나에게 무슨 도움을 주겠는가. 제 살을 깎아 누군가에게 도움을 주는 어리석은 짓을 할 사람은 단 한 명도 없었다. 새삼 혹독한 정글의 세계를 피부로 느낄 수 있었고, 그 정글의 깊이가 바다같이 깊다는 것을 난생처음 체감하였다.

첫 몇 달은 길을 찾지 못해 헤매고 또 헤맸다. 어디에서도 길을 비춰줄 등불 같은 건 발견할 수 없었다. 열심히만 한다고 해서 모든 일이 술술 풀리는 건 아니었다.

대출해 달라는 사람이 있어서 막상 달려가 보면 대출 브로커, 사채업자들 같은 순 이상한 건수들뿐이었다. 영업 경험이 없어서 그때는 진짜인지 아닌지 분별하는 눈도 없었고, 겨우겨우 대출을 가지고 와도 직원들에게 "이런 걸 대출이라고 가져오냐?"라는 핀잔을 듣기 일쑤였다.

그렇게 어둡고 험난한 시간들이 속절없이 흘러갔다. 근 1년간 길을 헤매고 있자니 속이 까맣게 타들어 가다 못해 썩어 문드러진 느낌이었다···.

02

인생은 정글이다 (2)

냉혹한 정글 속에서 살아남으려면 내 일은 내가 개척해야 한다.
스스로 노력하고 실행하면 결과도 따라온다.

그 무렵이었다. 의왕에 사는 사람에게 4억짜리 아파트 담보
대출을 부탁받게 되었다.

모처럼 만의 건수여서 기쁜 마음으로 지점에 협조를 요청하
였는데, 단칼에 원격지여서 안 된다고 거절당하고 말았다. 원
격지란 말 그대로 멀리 떨어져 있는 지역이라는 뜻이다.

아니, 경기도 의왕이 무슨 원격지인가. 지금도 경기도, 수도
권 내는 다 하고 있는데. 의왕이 원격지라고 안 된다는 것은
말이 안 되는 일이었다.

아직도 내 뒷자리에서 거드름 피우고 앉아 저희끼리 수군대
던 직원들의 얼굴을 잊을 수 없다. 정글의 매정함을 한 번 더
뼈저리게 느낀 순간이었다. 은행에서 똑같은 한솥밥 먹고 사
는데 이렇게까지 할 일인가 싶어 억장이 무너졌다.

그러나 언제까지 한탄만 하고 있을 수는 없었다. 아무도 길

을 가르쳐 주지 않는다면 나 스스로 길을 찾아내는 수밖에 없다. 이대로 끝낼 수는 없지 않은가.

서양 군사 전술의 아버지라 칭송받는 카르타고의 한니발도 말한 바 있다.

"나는 길을 찾든지, 아니면 길을 만들겠다Aut viam inveniam Aut faciam."

한니발이 로마 침공을 위하여 코끼리를 이끌고 알프스를 넘으려 할 때 부하들은 절대 불가능하다고 만류했다. 그때 그가 부하들에게 한 대답이다.

그렇다. 길을 찾지 못하면 새로운 길을 만들면 된다. 나 역시 마찬가지다. 아무리 경험이 없는 영업이라 해도 더 열심히 뛰고 더 열심히 노력하면 분명 새로운 길이 나타날 것이라고 스스로 다독였다. 길을 찾을 때까지 포기하지만 않으면 된다. 무엇보다 그 돌파구를 찾는 것이 급선무였다.

그러던 어느 날 금천구 가산동에서부터 강남까지 걷기 시작했다.

가만히 책상 앞에 앉아 있어봤자 누가 거저 물어다 주는 것도 아니고, 더 이상은 방문하여 영업할 데도 없었기에 스스로 찾아 나선 것이다.

그 먼 길을 걸어가면서 건물이나 길가에 걸려 있는 분양 현수막 사진을 휴대폰 카메라로 보이는 대로 찍었다. 그 사진을 토대로 전화번호와 분양사무소 위치를 확인했다. 건축주는 땅을 사고 건축을 해야 하니 돈이 필요할 터이고 분양사무소에 가면 잔금대출을 할 수도 있겠다는 생각에서였다.

발은 부르트고 강남에 도착할 때쯤엔 온몸에 힘이 빠져 한 걸음도 옮기기 힘든 상태였지만, 이대로는 끝낼 수 없다는 절박감이 그 고통마저 잊게 해주었다. 내심 이렇게 노력하는데 적어도 저 많은 현수막 중 한 개쯤은 건질 수 있겠지 하는 희망이 내 등을 밀어주었다.

그러나 인생이라는 정글은 내 생각보다 훨씬 비정한 곳이었다.

사진에 찍힌 전화번호로 연락하고 수차례 방문해도 이미 그들에게는 거래하는 은행들이 다 있었다. 기존의 거래처를 뚫어내는 것은 하늘의 별 따기나 마찬가지였다.

결국, 별다른 실적 없이 1년 6개월이란 시간이 흘러갔다. 본사에 있을 때는 나름 유능하다고 명성이 자자했던 내가 은행 영업 일선에서는 맥을 못 추는 것을 보고, "내 그럴 줄 알았어"라는 식으로 뒤에서 수군대는 직원들이 많았다.

급기야 나를 두고 '영업점 부적격자'라는 소문까지 파다하게 돌았다. 그 소문이 내 귀에까지 들어왔을 때 내 심정이 오죽했을까….

지푸라기라도 잡는 심정으로 주위를 아무리 둘러봐도 마케팅 비법이나 인생의 비법은 누구 하나 알려주지 않았다. 그냥 "열심히 해라" 딱 이 정도였다. 도움을 주는 사람은 없고 욕을 하는 사람은 많았다.

처음에는 자신의 무능함과 도와주지 않는 사람들의 매정함에 속도 많이 상했고 밤잠을 이루지 못하는 날이 허다했다. 하루에도 몇 번씩 회사를 그만두려고도 했다.

그러나, 그러나, 여기서, 이대로, 포기할 수는 없었다. 내 자존심이 허락하지 않았다.

누군가 "인간의 죽음은 패배했을 때가 아니라 포기했을 때 온다"라고 말한 것처럼, 지금까지 잘 안됐다고 그냥 포기해버리면 영원히 패배자라는 낙인이 찍힌 채로 살게 될 것이다. 몇 번을 실패하든 내가 포기하지 않는 한 영원한 실패는 없는 법이다.

그리고 나는 평균의 법칙을 믿었다. 많이 실패할수록 성공할 확률은 높아진다.

100명의 고객을 만나서 1명을 성공한다면, 1,000명을 만나면 10명을 성공할 것이고, 10,000명을 만나면 100명에게서 성공할 수 있다. 이것이 평균의 법칙이지 않던가.

그러므로 거절당하거나 실패하는 것을 두려워하지 말고, 그럴수록 더 발로 뛰고 더 많이 도전하면 분명 확실한 성공이 내게도 주어질 것이라는 믿음, 그것만 갖고 있으면 된다고 마음을 다잡았다.

이런 각오 덕분이었을까.

처음에는 보잘것없던 내가 뿌려놓은 씨앗들이 조금씩 조금씩 싹을 틔우고 열매를 맺기 시작하였다. 그 열매의 시작은 바로 가산동에서 강남까지 걸어오며 찍어온 사진이었다.

대부분이 기존 거래은행이 있거나 실속 없는 것들이었지만, 그중 한 건축주가 내가 뿌린 씨앗의 첫 열매가 되어준 것이다. L사장님이었다. 이분에게 20억 대출을 하게 된 것이 그토록 찾아 헤매던 물꼬를 터주었다. 게다가 이분이 연결고리가 되어 주변 사람들까지 소개해 주어 적지 않은 실적을 올릴 수 있었다.

세상에 헛된 일은 없다 했다. 좌절도 실패도 포기하지 않는 한 내게 독이 아닌 약이 되어 돌아온다. 본사에 있을 때 선박금융 관련 업무를 많이 해서 선박 쪽에 빠삭했던 것도 내게 약이 되었다. 그 노하우를 토대로 하여 H해운과 거래하게 되었다.

1년여 전에 우연히 만나 차 한잔 마시러 갔던 분에게 도와달라는 연락이 온 것이다. 2015년 말이었다. 2016년 초에 H해운과 정식으로 거래하게 되었는데 처음에는 내 기대와는 달리 지점 반응이 무척 좋지 않았다.

내가 100억 보통예금을 받기로 했다고 해도 믿지 않는 눈치였고, 지점 최종 결정권자는 오히려 내게 이런 쓰레기 업체를 갖고 왔느냐며 언성을 높였다.

그도 그럴 것이 기업의 신용등급을 알 수 있는 크레탑 CRETOP을 보면 업체 현황이 나오는데, 그때만 해도 H해운은 신용등급이 없었다. 무등급이 나오다 보니 지점에서는 이 업체를 쓰레기 업체라고 생각한 것이다.

그러나 대기업들도 무등급이 될 수 있다. 굳이 등급을 낼 필요가 없어 내지 않을 뿐이다. H해운도 그래서 등급을 안 냈던 것인데 지점에서는 무등급이라는 사실에만 집중했다.

결국 수협은행의 다른 지점들도 많으니까 대출은 그쪽으로 넘기고 예금만 내가 받기로 했다. 예금은 내가 받으면 내 실적이 되고 대출은 다른 지점 쪽 실적이 되니까 결과적으로는 윈윈이었다.

이렇게 해서 나도 이 살벌한 정글의 세계를 조금씩 이해해 나가기 시작했다.

그 과정에서 눈물도 수없이 흘렸지만, 거기에서 멈추지 않고 언제나 한 걸음씩이라도 더 내딛기 위해 노력했다.

어떤 일이 생기면 '도대체 왜 이렇게 될까?'부터 생각하고, 하나하나 그 원인과 결과를 정리해 나갔다. '아, 이렇게 하면 마케팅이 잘 되는구나.' '저 사람은 저래서 안 되네.' 등등.

본사에 있을 때 기획실에만 12년 있으면서 매일 대책만 만들던 것이 또 도움이 된 것이다.

인생은 정글이라는 것은 실제로 경험하지 않으면, 사실 누가 말해 준다 해도 제대로 이해하지 못할 것이다. 우리가 흔히 접하는 속담이나 명언도 그렇다. 모두 인생의 진리를 내포하고 있지만 그 자체를 실제로 겪지 않으면 인생을 모를 수밖에 없지 않은가.

명언이든 속담이든 그것이 맞는지 안 맞는지, 무슨 의미인지를 알려면 머리보다는 가슴으로 이해해야 한다. 가슴으로 이해하려면 내가 겪어보아야 한다. 겪지 않으면 진짜 알 수 없는 것이다.

정글을 헤쳐 나가기란 생각처럼 녹록하지 않다. 나 역시 처음 정글에 내던져졌을 때는 매일 밤 아파트 베란다에 나와 앉아 고민하고 또 고민했다.

본사에 있을 때 아무리 많은 사람을 알았어도 정글에 나와 보니 도움이 하나도 안 되었고, 동료들도 마찬가지였다. 곰곰이 생각해 보면 남들이 도와주려고 해도 도와줄 수 있는 것이 없었다. 한 번은 전임 지점장이 내게 말했다.

"같이 근무하는 지점 직원들에게 잘해."

직원들에게 잘하면 내 실적을 채워줄 수도 있지 않겠느냐는 의미였지만, 나는 생각이 달랐다. 그렇게 해서 내 실적이 채워진들 그것은 내 것이 아니기 때문이다. 그 순간만 모면할 뿐 의미가 없다고 생각했다. 남들이 나를 도와줄 수 있는 것은 한계가 있다. 모든 것은 스스로 해결해야 한다. 내가 노력하지 않으면 안 되는 것이다.

내 건 내가 만들어야 한다. 내 일은 내가 개척해야 한다. 그래야 적자생존이 가능하다. 내게 직원들에게 잘하라는 말을 해준 지점장도 부지점장에서 벗어나자마자 1년 만에 그만두었다. 이유는 분명하다. 자기만의 독자적인 생존 방법이 없었기 때문이다.

1년 6개월 동안 치열한 정글의 법칙 속에서 많은 실패를 맛보고 영업이라는 큰 벽에 부딪혀 '영업점 부적격자'라는 말까지 들었지만, 나는 끝까지 포기하지 않았다.

인생은 정글이어도 내가 해보고 내가 해서 내가 결론을 내면 분명 그 속에서도 살아나갈 길이 생기는 것이다. 살아남기 위해서는 무엇이든지 망설임 없이 실행하라. 그러면 반듯이 결과를 얻을 수 있다.

지구가 뱅글뱅글 돈다

지구가 뱅글뱅글 돌듯이 고객도 자신에게 필요한 금융을 찾아 뱅글뱅글 돈다.
즉 고정관념을 갖고 있으면 안 된다.
선배나 기존 고객을 찾아가 좋은 사람 소개해 달라 부탁하라.
지금 당장은 내 고객이 아니어도
사전작업을 해놓으면 언제든 내 고객이 될 수 있다.

'만약에 지구가 돌지 않는다면?'

이런 생각을 나는 자주 한다.

우리가 사는 지구는 매일 한 바퀴씩 서쪽에서 동쪽으로 자전한다. 그 속도는 시속 약 1,300km에 달한다. 이로 인해 지구상에서는 매일 태양이 뜨고 지는 것을 보게 된다. 지구가 생겨난 이후 한 번도 거르지 않고 일어나고 있는 우주적 현상이다.

그러나 나는 과학적인 이론을 논하고자 하는 것이 아니라 지구가 도는 것이 자연의 법칙이자 마케팅의 법칙임을 말하고 싶은 것이다. 왜냐하면 지구가 뱅글뱅글 돌듯이 고객도 뱅글뱅글 돌기 때문이다.

내가 중구 다동 지점에 있을 때 20억 대출이라는 큰 실적을 올리게 해준 L사장도, 처음부터 내게 온 고객이 아니었다. 단위수협에도 갔다가 단위농협에도 갔다가 신협에도 갔다가 새마을금고에도 갔다가 다시 나한테 돌고 돌아서 온 것이다. 이는 고객들이 자신한테 필요한 금융을 해주는 곳을 찾아 움직이기 때문이다.

시중의 금융권을 알기 쉽게 계단 형식으로 나누면 아래와 같다. 제일 위에는 기간산업, 정책금융을 담당하는 수출입은행과 산업은행이 위치한다.

그 아래로 제1금융권과 제2금융권, 제3금융권이 순차적으로 위치한다.

수출입은행, 산업은행

제1금융권
kb국민, 신한, 우리, 하나, 농협, 기업, 수협은행, 대구, 부산, 광주 등

제2금융권
보험회사, 증권회사, 자산운용회사, 상호금융기관, 새마을금고, ㅇㅇ저축은행 등

제3금융권
대부업체, 사채업체, 산와머니, 리드코프, 미즈사랑 등

위 그림에서 알 수 있듯이 제1금융권인 우리 수협은행의 포지션은 생각보다 엄청나게 상위권에 속해 있다. 그 아래 제2금융권인 수많은 보험회사, 증권회사, 새마을금고, 저축은행 등과 하다못해 대부업체, 사채업체 등도 다 잘 먹고 산다.

그런데 상위에 자리한 수협은행이 왜 못 먹고 살겠는가?!

상위, 하위 가릴 것 없이 금융권에 속한 모든 회사가 잘 굴러가고 있는 것은 고객들이 각자의 필요에 따라 금융을 선택하기 때문이다.

다시 말해 개인/기업에 따라 저축은행에서 쓸 금융이 있고, 새마을금고에서 쓸 금융이 있고, 수협은행에서 쓸 금융이 있는 것이다.

또 금리가 싼 곳이 필요한 사람이 있고, 더 큰 한도가 필요한 사람이 있다. 기타 부가적인 금융 조건이 맞는 은행도 있다.

각각의 은행마다 취급하는 금융상품이 다르다 보니 고객도 그것에 맞게 움직이는 것이다.

여기서 또 한 가지, 지구만 움직이지 않는다. 달도 움직이고 태양도 은하계를 떠돌고 있다. 따라서 고객도 움직이지만, 지점장도 움직인다.

본사에 있다가 지점장으로 나오기도, 지점장으로 있다가 본사로 들어가기도 한다. 심지어 정년이 되면 퇴사도 한다. 본사에 들어가면 여신/수신이 필요 없어진다. 그렇게 되면 고객은 다른 지점장한테 간다. 2, 3년 후 다시 지점장으로 오면 그때 움직였던 고객이 다시 돌아오기도 한다. 수협 내에서도 이렇게 계속 움직이는 것이다.

지구가 도는 것처럼 다 같이 돈다. 고객도 돌고 지점장도 돌고! 이걸 이해해야 한다. 지구가 만약 딱 고정돼 있으면 다른 것도 고정돼 있을 텐데 지구가 도니까 달도 돌고 다 함께 돈다.

이처럼 고정되어 있지 않다는 것은 마케팅에 있어서 굉장히 중요한 의미를 담고 있다. 그러니 처음부터 고정관념을 갖고 있으면 될 일도 안 된다.

마케팅을 하다 보면 자연스럽게 직원들 중 A나 B가 어떤 고객을 갖고 있는지 알게 된다. 이때 A나 B를 곁에서 구경만 하지 말고 그들의 고객이 언젠가 나한테 올 수 있도록 내 고객이 될 수 있도록 미리 가서 소개해 달라 부탁하라.

현재 그 직원들의 고객이 나중에는 내 핵심 고객이 될 수 있다. A가 본사로 들어갈 수도 있고 B가 퇴직을 할 수도 있다. 그렇게 되면 사전작업을 해놓은 내가 A와 B의 고객들을 가질 수 있는 것이다.

그러므로 현재 내 고객이 아니라고 해서 배척할 필요가 전혀 없다. 만약 내 고객이 되지 않는다 해도 수협은행의 장단점을 가장 잘 이해하고 있는 A와 B가 가지고 있던 고객들이, 거래하지 않는 또 다른 사람을 소개시켜 줄 수도 있으니, 실보다는 득이 훨씬 많다.

고정관념을 버리고 새로운 눈으로 시장을 바라볼 수 있어야 한다. 현대그룹 고 정주영 회장도 "어떤 위기나 난관에 부딪혔을 때 고정관념은 평상시 유능했던 사람을 형편없이 무능하게 만들어 버린다"라고 했다.

마케팅을 할 때는 이처럼 고객도 지점장도 뱅글뱅글 돌면서 움직인다는 것을 빨리 깨닫고, 여러 가지 행간의 의미를 읽을 수 있게 노력해야 한다.

그렇게만 된다면 초보자인 당신도 분명 성공한 마케팅 전문가로 성장할 수 있는 계기를 쉽게 만들 수 있을 것이다.

깃발만 꽂으면 내 것이다

수협은행의 금융시장 파이는 1.5%이다.
반대로 생각하면 우리에게는 98.5%의 미지의 세계가 있다.
우리와 거래하지 않는 고객이 98.5% 남아 있는 것이다.
그러니 자신감을 가져라.
그곳에서 새로운 고객을 찾아내 깃발만 꽂으면 다 내 고객이 될 수 있다.

"이것은 소리 없는 아우성

저 푸른 해원을 향해 흔드는

영원한 노스탤지어의 손수건…"

유치환의 시 〈깃발〉의 한 구절이다.

뜬금없겠지만 나는 이 시를 무척 좋아한다. 시의 함축된 의
미를 읽어내서가 아니라 '소리 없는 아우성'이라는 깃발의 상
징성이 눈에 보이듯 생생하기 때문이다. 나는 마케팅이야말로
소리 없는 아우성이며 총성 없는 전쟁이라고 생각한다.

중구 다동 지점 부지점장으로 있다가 2년 만에 의정부 지점

장으로 가게 되었다.

본사에서 나와 첫 현장 근무나 마찬가지였던 2년 동안의 다동 지점 생활은 내게 많은 것을 깨닫게 해준 소중한 시간이었다.

항공기에 빗대 말한다면 쿵 하고 내려앉은 하드랜딩hard landing(경착륙)에 속하겠지만, 내게는 인생이란 정글 속에서 맞이한 이런 충격들을 통해서 많은 것을 배울 수 있는 또 다른 기회였다. 하나부터 열까지 모든 것을 혼자 힘으로 하다 보니 첫째, 어떤 충격이 와도 버텨낼 수 있는 맷집을 키울 수 있었고 둘째, 시야가 넓어졌고 셋째, 독자적인 생존 방법을 자연스럽게 터득할 수 있었다.

나와는 반대로 소프트랜딩soft landing(연착륙)을 한 사람들은 정글 속에 던져졌을 때 오히려 엄청나게 고생한다. 그래서 몇 년 안 가 포기하고 그만두는 경우도 많이 보았다. 그러니까 이미 산전수전 다 겪은 나와는 출발선부터 다른 것이다.

내가 의정부 지점장으로 갔을 무렵에는 실제로 고객이 많지 않았다.

수협은행은 대한민국 전체로 봤을 때 금융시장 파이가 1.5%다. 한 마디로 크지 않다. 그러나 반대로 생각하면 우리에게는 98.5%의 미지의 세계가 남겨져 있다. 나는 그렇기 때문에 기회도 더 많다고 생각한다.

의정부에는 단위농협이 있다. 점포는 12개였다. 의정부 단위농협이니까 의정부 내에서만 영업을 한다. 의정부 시민은 60만 명 정도이다. 그러면 한 점포당 5만 명꼴이다. 그런데도 아무 문제 없이 잘 운용되고 있다.

반면 수협의 경우 의정부에는 점포가 1개밖에 없고 근교인 양주시, 포천시에는 아예 없다. 여기에 있는 시민까지 합치면 100만 명이 넘는다.

이것이 무슨 의미일까? 100만 명이 우리 의정부 지점 고객이 될 수 있다는 얘기다. 소리 없는 아우성이 들리지 않는가? 총성 없는 전쟁터에서도 뚫기만 하면, 깃발만 꽂으면 다 내 것이 될 수 있다는 의미이다.

다른 지역도 마찬가지다. 압구정만 해도 KB 점포는 6개나 있다. 6개 점포가 자기들끼리 경쟁한다. 그런데 수협은 압구정, 청담동 합쳐서 딱 1개밖에 없다.

결국 이 말은 노력만 하면 얼마든지 고객이 있다는 의미다. 고객은 내가 찾아가고 만드는 것이다. 그런데도 "거래할 고객이 없다, 뭐가 없다"라고 변명만 하면서, 정작 깃발을 꽂을 노력들은 하지 않는다.

고객이 없는 건 점포가 많은 다른 은행도 다 마찬가지 아닌가? 중요한 것은 할 수 있다는 가능성을 열어놓는 것이다. 열심히 하면 내 것이 될 수 있다는 마인드를 가지는 것이다. 점포 수가 많아서 서로 피 터지게 경쟁해야 하는 타 은행에 비해, 점포 수가 적은 것이 오히려 수협의 장점이 될 수도 있지 않은가.

그래서 나는 항상 마케팅 비법을 알려달라는 후배들에게 제일 첫 번째로 "깃발만 꽂으면 다 내 것이다"라는 말을 해준다. 왜냐하면 우리에게는 98.5%의 미지의 세계가 있기 때문이다.

우리가 거래하지 않고 있는 기업과 고객들이 98.5%가 있는데 뭐가 안 된다는 것인가. 결국은 열심히 안 다니니까 안 되는 것 아닌가.

신임 지점장들 또한 "선배 지점장들이 이미 선점해 놓아서 우리가 할 것이 없다"라는 얘기들을 한다. 변명일 뿐이다. 왜 없는가? 98.5%가 남아 있는데!

의정부 지점에 처음 갔을 때도 직원들 대다수가 변명을 늘어놓기에 급급했다.

"제가 마케팅을 나가도 새롭게 뚫을 곳이 없습니다."

결국 거래할 데가 없다, 시장이 없다는 얘기였다.

의정부 지점은 실제로 큰 고객도 없고 큰 대출 건도 없었다. 그러나 고객이 없으면 새로운 고객을 자꾸 찾으면 되는 것이고, 기존 시장이 포화 상태면 다른 시장을 개척하면 된다. 무엇보다 우리에게는 98.5%의 세계가 남아 있지 않은가.

대우신화를 써 내려간 고 김우중 회장의 베스트셀러『세상은 넓고 할 일은 많다』처럼 세상은 넓고 넓으니 좌절하지 말고 열심히 하는 것. 이것이 바로 마케팅의 기본 비법이다.

보통 내 파이가 없다고만 생각하는데 아니, 왜 그 파이만 있겠는가? 찬찬히 둘러보면 마케팅 대상이 천지인데 말이다. 남들과 똑같이 하면서 탁월한 실적을 기대할 수는 없다.

어려울 때 소비와 투자를 줄이는 것은 누구나 할 수 있는 평범한 일이다. 가장 비관적일 때 투자한 사람이 돈을 번다. 겨울이라 해도 봄은 반드시 온다. 진정한 승자는 다른 사람과 반대로 가는 사람이다. 생각을 바꿔보라. 그동안 보이지 않던 것이 보일 것이다.

어렵다고 움츠려 있을 것인가? 과감하게 도전할 것인가?

현재의 선택이 미래를 결정한다. 무엇보다 자신감을 갖고 98.5%의 미지의 세계를 향하여 열심히 뛰기만 하면 누구라도 그곳에 깃발을 꽂을 수 있을 것이다.

05

세상에 불가능한 것은 없다

사람이 하는 것이라면 세상에 불가능한 것은 없다.
단 어떤 일을 하든 적절한 명분이 뒷받침되어야 한다.

살다 보면 내게 있어 가능한 것이 무엇인지, 반대로 불가능한 것이 무엇인지 생각하게 된다. 그러나 사실 불가능하다고 얘기할 때 어디까지가 불가능한 것인지는 명확하지 않다.

내 경험상 마케팅을 할 때는 불가능한 것이 없는 것 같다.

마르쿠스 아우렐리우스도 "만일 그대가 어떤 일을 성취하기 어렵다고 하더라도, 그것이 인간에게 불가능하다고 생각해서는 안 된다. 오히려 무슨 일이나 인간은 할 수 있으며, 인간성에 일치하는 것이라면, 자기도 이룰 수 있는 것이라 생각해야 한다"라고 말했다.

난제를 만났을 때 이것을 어떻게 해결하고 어떤 명분을 가지고 풀어나갈 것인가가 문제지, 불가능하거나 절대로 안 되는 일은 없었다.

혼자서 안 되면 다른 채널을 통해서 풀면 가능하기 때문이다.

본사에서 국제회계기준IFRS을 개정할 때도 국내법 개정도 쉽지 않은데 국제회계기준 개정위원회(보드)가 영국에 있는 IFRS을 어떻게 개정하느냐면서 주변에서 미친놈 취급을 받을 만큼 힘든 일이었지만 결국 해냈다.

2010년 수협법상 정부 출연 근거를 만들 때도 고난이 많았지만 결국 성공하였다.

출연이라는 것은 쉽게 말하면 정부 투자기관에 정부가 투자하는 것이다. 정부가 무상으로 주는 것이기 때문에 정부 투자기관에 주었다가 나중에 청산하게 되면 정부한테 다시 귀속된다.

수협은행이 언제 청산할지 아무도 모르지만, 수협에는 조합원이 있고 잔여재산은 조합원한테 환원하기 때문에 보통 투자기관과는 조금 다르다. 그러다 보니 정부에서 굳이 수협에 출연할 이유가 없었다. 정부 투자기관도 아닌데다 수협은 말 그대로 이익단체였다. 전례가 없는 상황에서도 결국 출연근거를 만들었다.

영업 일선에서 마케팅할 때도 불가능을 가능으로 바꿀 수 있었다.

압구정 H백화점과 처음으로 예금 거래를 하게 된 것이다. 기존의 거래 은행에 수협은행도 추가되었다.

단 모든 일에는 명분이 있어야 한다.
"IFRS도 왜 개정돼야 하는지?"
"정부 출연 근거도 우리에게 왜 주어야 하는지?"
"H백화점 그룹에게도 우리하고 거래했을 때 어떤 이점이 있는지?"
각각 그것에 따른 정확한 명분을 만들어 내었고, 그 결과 모든 것이 성공적이었다.

대출도 마찬가지다. 본사에서 안 된다고 할 때도 그에 맞는 명분을 만들면 된다.
"수익성이 높다!"
"차주가 건실하다!"
"우리가 대출해 주면 여러 가지 이익이 있다!"
등등이 바로 명분이다. 이렇게 명분을 만들어 설득하면 불가능이 가능으로 바뀌게 된다.
그러니 마케팅할 때 지레 겁먹지 말고 어떻게든 적절한 명분을 만들어서 일단 시도해 보는 것이 중요하다.

글로벌 CEO의 긍정 메시지

· 가장 큰 위험은 위험을 피해 가는 것이다. 모든 것이 급변하는 시대에서 위험을 피해 가는 전략으로는 반드시 실패한다.

· 빠르게 움직이고 주변의 틀을 깨부숴라. 주변의 틀을 부숴버리지 않는다면 빠르게 움직이고 있는 것이 아니다.

· 내가 자신에게 매일 묻는 말은 "나는 내가 할 수 있는 일 중에서 가장 중요한 일을 하고 있는가?"이다. 가장 중요한 문제에 나의 시간을 쓰고 있다는 생각이 들지 않으면 내가 시간을 보내는 방식에 만족하지 않는다.

· 비즈니스의 기본원칙은 쉬운 것부터 먼저 시작하면 큰 성과를 이룰 수 있다는 점이다.

· 사람들은 '혁신'이 창의적인 아이디어를 갖는 것으로 생각한다. 그러나 혁신은 빨리 움직이고, 많은 것을 시도해 보는 것이다.

· 아침마다 어떤 옷을 입고 출근할지, 뭘 먹을지 고민하는 시간이 아깝다. 내 인생에서 사소한 것들에 내 에너지를 소비하면 나는 내가 할 일을 하지 않는 것처럼 느낀다.

— 마크 저커버그(페이스북 · 메타 CEO)

06.

다양한 채널을 만들어라 (1)

저축은행, 신협, 새마을금고, 증권회사, 신탁회사 및
심지어 대부업체에도 채널을 만들라.
고객 및 내부시달 사항에 대한 다양한 니즈를 수용할 수 있다.
다양한 채널이 있으면 어려운 문제에 대한 해결 방법을 다 알려준다.
다양한 기회 창출이 가능한 것이다.

요즘 성공한 유튜버들이 화제다. 그들의 성공 요인 중 첫 번째가 다양한 채널 활용이다.

유튜버라고 유튜브만 하는 것이 아니라 트위터, 페이스북, 인스타그램, 블로그 등 다양한 SNS 채널을 동시에 운영하고 있다. 즉 각각의 SNS 채널이 지닌 성격에 맞춰 전략적으로 변형해 활용하는 것이다. 마케팅에서도 다양한 채널을 만드는 것이 중요하다.

의정부 지점에 있을 때다.

어느 날 전화 한 통을 받았다. 윗선에서 대출 의뢰가 들어온 것이다. 포천에 있는 농공단지 공장부지인데 그곳에 30억 정도 대출해 주면 좋겠다 했다.

고위직 부탁이라 단칼에 안 된다고 자를 수 없었다. 일단 알겠다고 하고 검토해 본 후 연락하겠다고 했다.

며칠 후 팀장과 함께 현장 답사를 갔다. 포천 몽베르CC 못미처 산골짜기 같은 곳에 도착했는데, 예상외로 토목공사가 잘 되어 있었다. 막상 가서 보니 감정도 잘 나올 것 같고, 공사비도 꽤 들여서 잘해 놓았고, 차주의 상태도 양호했다.

그래도 워낙 외딴곳에 있다 보니 '이 대출을 해야 하나? 말아야 하나?' 고민됐다. 하필 주룩주룩 비까지 오는 바람에 돌아오는 두 시간 남짓 고민이 더 깊어졌는데, 선뜻 결정을 내릴 수 없었다.

그래서 묘안을 하나 짜내었다.

이 건을 저축은행, 새마을금고, 대부업체에 각각 던져보기로 한 것이다.

저축은행과 새마을금고에서는 "우리는 그런 거 안 해요"라며 거부했다.

조건이 다 괜찮은데 왜 안 한다고 즉답하는지 정확한 이유를 알고 싶었다. 그 이유는 대부업체에서 알려주었다.

"거기다 공장 지으면 직원 구할 수 있어요? 산골짜기까지 누가 와요? 꼴랑 월급 200만 원 주는데 차로 왔다 갔다 하면 기름값이 얼만데요? 그런 조건으론 직원 못 구해요."

정답이었다. 그래서 윗선에 보고하고 대출을 거절했다.

"제가 알아보니 다른 건 다 좋은데 위치가 안 좋습니다. 직원 구하기 어려워서 운영이 힘들 것 같아요. 이런 데는 대부업체도 안 한다고 합니다."

다양한 채널을 활용한 결과였다. 혼자서 검토했을 때는 설득력이 결여될 수 있었으나 채널을 활용하여 타 금융기관 의견까지 첨부한 결과 내부 잡음이 없이 현명하게 해결책을 마련한 것이다.

또 한 번은 의정부 ○○병원 원장이 한탄강 쪽에 큰 규모의 요양원을 신축하는데, 자신이 의사여서 환자는 다 채울 수 있다고 장담했다. 그러면서 PFproject finance를 해달라고 요청하였다.

마침 지인 중에 요양원 분양하는 사람이 있어 의견을 물어봤다. 이런 요청이 들어왔는데 어떻게 하면 좋겠느냐고 했더니 강경하게 하지 말라고 했다.

'아니, 한탄강 경치도 좋고 환자도 다 채울 수 있다는데 뭐가 문제지?'

알고 보니 이곳도 포천 공장부지와 똑같은 이유였다. 200만 원 받고 그곳까지 다닐 요양보호사를 구하기 힘들고 직원을 못 구하면 당연히 운영할 수가 없다. 직접 요양원 분양하는 사람이 해준 얘기니 틀림없었다.

포천 공장부지도, 요양원도 나는 전문 분야가 아니어서 몰랐던 것들을 다양한 채널을 만들어놓은 덕분에 답을 신속하고 명확하게 알 수 있었던 것이다.

마케팅을 하려면 1금융부터 증권사, 저축은행, 투자은행, 대부업체까지 두루두루 채널을 만들어 놓아야 고객이 어떤 요청을 하든 바로 대응하여 해결해 줄 수 있다.

그래서 마케팅 채널뿐 아니라 금융 채널도 무척 중요하다. 여신을 예로 들어보자.

압구정지점에 근무할 때는 500억, 1,000억짜리도 많이 검토했다. 그런데 수협은행의 경우 한 사이트에 300억 정도밖에 승인을 안 해준다.

그럼 어떻게 500억, 1,000억짜리 고객의 요구를 해결할까?

간단하다. 1,000억짜리면 타 금융기관과 연계해서 해결하면 된다. 그걸 왜 못 하는가!

금융권마다 상품이 다 다르다. A상품은 저축은행, B상품은 증권사, C상품은 투자신탁 등등 그러니 각각의 금융상품이 필요한 고객들을 연결해 주면 얼마든지 할 수 있는데, 그걸 또 혼자서 해결하려고 하니까 안 되는 것이다.

우리 수협은행에서 안 될 때 내가 알고 있는 채널을 총동원하여 적절한 곳에 다이렉트로 연결해 주면 고객이 나를 얼마나 좋게 평가하겠는가. 발도 넓고 실력 좋다며 칭찬을 아끼지 않을 것이고, 그런 노력들이 쌓이고 쌓이면 당연히 실적도 좋아질 것이다.

반대로 우리 수협은행에서 못 한다고 "안 돼요" 한마디로 끝내면 어떤 고객인들 다시 찾아오겠는가.

금융기관 채널을 잘 관리하면 저축은행이나 대부업체 등에서 몰랐던 답을 알려주기도 하고 어떤 때는 탈출구까지 만들어준다.

대부업체에서는 제발 연체되는 것 있으면 자기들한테 달라고 한다. 우리 수협은행에서 연체된 것이 대부업체로 가면 좋은 점이 있다. 대부업체라고 무조건 나쁜 것이 아니다.

고객 입장에서 보면 첫째, 금융기관 신용정보조회표상 신용등급 불량이 안 뜬다.

둘째, 매월 원리금 낼 필요가 없다. 부동산 매각됐을 때 한꺼번에 내면 된다.

셋째, 금융기관 신용불량 정보는 5년 이상 기록이 남으나 대부업체 기록은 상환 즉시 삭제된다.

넷째, 은행 연체 이자는 무척 비싸다. 많은 고객이 잘 모르는데 연체 이자와 비교하면 대부업체 금리도 비슷하므로 대부업체로 갈아타도 특별히 손해 볼 것도 없다.

그러므로 다양한 금융 채널을 통하여 고객이 뽑을 수 있는 선택지를 많이 만들어두는 것이 바람직하다.

압구정 고객 중 부동산에 일가견 있는 분이 ○○산업 자회사에서 카페베네 공장을 인수하려고 하는데 내게 도와달라는 요청을 했다. 검토해 보니 감정가가 150억이 나왔다. 그중 110억을 인수자금으로 지원해 달라고 했다.

그 무렵 본사 심사부장에게 전화가 걸려왔다. 심사를 넣지도 않았는데 이 건에 대해 어떻게 알았는지, "어떻게 섭외된 것이냐?"고 물었다. "고객이 소개해 줘서 검토하고 있다"라고만 하고 전화를 끊었다.

이후 3일 동안 심사부장이 매일 전화해서는 "어떻게 돼가느냐?"고 물어댔다. 하라고도 하지 않고 하지 말라고도 하지 않으면서 계속 질문만 해댔다.

심사부장의 반응도 심상치 않고 110억짜리 덩치가 큰 건이라 나로서도 쉽게 결정할 수 없었다. '만에 하나 부실이라도 나면?' 생각만 해도 아찔했다.

그러던 차에 예전부터 친하게 지낸 카페베네 창업자 K대표에게 상황을 설명하고 의견을 구했다. 결론은 "하지 마라!"였다.

로스팅 공장과 아이스크림 공장이 있는데, 아이스크림 공장은 그들 말로는 공장설비 등을 약간만 수리하면 매입 취지에 맞게 사용할 수 있어서 매매가에 40억 정도 반영됐다고 했다. 감정가로는 약 30억 정도가 포함된 것이다.

그런데 K대표는 그 아이스크림 공장이 껍데기뿐인 공장이어서 30억은 말도 안 된다는 것이었다. 그러면서 자신이 창업자인데 그걸 모르겠느냐면서 강력하게 만류했다.

"동호야, 너 그거 하면 죽어. 그러니 하지 마!"

이후 이 건 때문에 심사부장이 왜 그렇게 전전긍긍이었는지 이유가 알고 싶어 그에게 단도직입으로 물었다.

"최선의 안이 뭡니까?"

잠시 머뭇거리던 심사부장이 대답했다.

"당신이 드롭 하면 돼요."

즉 심사부에 접수하지 말고 내 선에서 끝내(거절)라는 의미였다. 결국 내게 의뢰한 고객에게는 "검토해 보니 우리하고 안 맞는 것 같아 못 하겠습니다"라고 정중히 거절했다.

이 건 또한 그동안 내가 다양한 채널을 열심히 만들어 놓았기에 그 덕을 본 것이다. 그렇지 않았다면 110억짜리가 똥인지 된장인지 구분 못 한 채 근심거리를 껴안고 있었을 뻔했다.

07

다양한 채널을 만들어라 (2)

전단지를 전문으로 돌리는 아주머니를 섭외하는 것도
마케팅 채널을 추가하는 좋은 팁이다.

마케팅은 지점장 혼자 하는 것이 아니다.

직원들도 있다. 주요 요소요소마다 키맨이 존재한다.

이를 통해 마케팅을 추진하는 것이다.

압구정지점에 있을 때의 일이다.

수협은행은 예금이 많이 부족하다. 그러다 보니 주요 성과
지표KPI가 예금에 큰 비중을 두고 있다. 그중에서도 개인예금
부문이다.

개인예금은 불특정 다수를 상대해 예금을 늘려야 하니, 지
점장 혼자서는 거액의 VIP 외에는 관리할 수도 없고 직원들에
게 마케팅을 독려해도 뚜렷한 성과가 개선되기 힘들다.

그래서 고안한 것이 전문적으로 전단지 돌리는 아주머니들
을 섭외한 것이다. 이러한 채널을 통해서도 개인예금을 상당

히 거양할 수 있었다.

　전단지 돌리는 아주머니는 아무나 할 수 없다. 이쪽도 전문 분야로 생각해야 한다.

　은행직원들은 매년 캠페인 때가 되면 허리에 캠페인 띠를 두르고 지하철역 등 사람이 많이 다니는 곳을 누비며 광고 전단지를 돌린다.

　그러면 그 일대가 금방 전단지가 널부러져 쓰레기장으로 변하기 마련이다. 그야말로 효과는 없고 사진찍기 등 보여주기식 광고캠페인으로 전락하고 만다.

　따라서 유능한 광고 전단지를 돌리는 아주머니를 구하는 것도 마케팅 채널을 추가하는 좋은 팁이 될 것이다.

　처음에 내가 전단지 돌리는 아주머니를 섭외한다고 하니 직원들은 친구 어머니, 누님 등을 얘기하기도 했다. 하지만 나는 다 뿌리치고 아파트/오피스텔/상가 등에 전단지를 돌리는 아주머니들을 섭외했다.

　이분들은 거리를 지나가는 사람을 데려가서 분양사무실 책상 앞에 앉혀야만 수당을 받을 수 있는 구조이기 때문에, 불특정 행인을 상대로 끝도 없이 설득하고 성과를 이뤄낸 분들이었다. 전단지 돌리는 분들도 나름 인생 노하우가 있는 것이고 이분들을 내가 고용해서 또 다른 채널을 만든 것이다.

배너 광고 표지판도 좋은 채널이 될 수 있다.

마케팅은 나를 광고하는 것이 제일 중요하다.

수협은행은 다른 은행보다 금리를 비교적 높게 책정한다. 그렇지만 거래해 본 경험이 없는 사람들은 잘 인식하지 못한다. 어떤 이들은 수협은행이 1금융권인지도 알지 못하며 새마을금고나 신협 등의 2금융권으로 여기는 경우가 많았다.

이 때문에 수협은행은 광고를 통해 인식의 전환을 유도하는 것이 필요했다.

광고는 현수막을 통해서도 많이 한다. 하지만 현수막은 은행 유리창에 부착되어 있다. 행인들이 지나갈 때 고개를 돌려 광고물을 눈여겨보는 사람은 많지 않다. 대부분은 앞만 보고 간다.

따라서 지나쳐 가는 행인들의 눈높이에 맞추어 배너 광고 표지판을 설치하면 이 역시 좋은 홍보 효과를 거둘 수 있다.

마케팅 채널이 꼭 사람일 필요는 없다는 것이다. 필요하면 광고비를 주고 고용해도 될 것이다.

거래처 홈페이지 등도 좋은 채널이 될 수 있다.

은행은 성과지표가 워낙 다양하게 존재한다. 각각 주어진 목표를 달성하기 위해 효과적으로 노력하는 것이 중요하다.

하루는 직원들이 물었다.

"센터장님, 서민금융 대출은 어떻게 해야 실적을 채울 수 있나요?"

그래서 내가 직원들에게 반문했다.

"서민들이 어디에 많이 있을까?"

이 말은 곧 서민들이 많이 있는 곳을 찾아 그곳을 집중해야 실적 목표를 맞출 수 있음을 의미한다.

그중에서도 중소기업 홈페이지는 좋은 팁이 될 수 있다. 기업의 오너들은 직원들이 어려움을 해소하는 데 은행이 도움을 준다고 하면 얼마든지 협조해 줄 것이다. 직원들의 행복이 곧 나의 발전을 꾀할 수 있기 때문이다.

또한 파출부 아주머니 등을 많이 거래하는 인력사무소도 좋은 예가 될 수 있고 요양보호사가 많이 고용된 요양원, 요양보호사를 양성하는 교육센터 등도 좋은 거래처 채널이 될 수 있을 것이다.

08

위기는 기회다

다들 안 된다고 할 때 나도 안 된다고 하면 똑같이 안 된다.
발전도 없다.
오히려 시장이 위기일 때 돌파구를 찾아 만들어 가야
위기가 곧 '기회'가 될 수 있다.

'위기'의 사전적 의미는 위험한 고비나 시기를 뜻한다.

한자로 '위기危機'란 위태로울 위危 자와 틀 기機 자로 이루어져 있다. 즉 하나는 '위험'이고 또 하나는 '기회'를 의미한다.

위기가 꼭 나쁜 것만이 아니라 개인의 삶에 있어서 한 획을 긋는 전기를 마련해 주기도 하므로, 위기 속에서는 위험을 경계하되 기회가 있음을 잊지 말자는 의미일 것이다.

○○○건설 U회장과의 인연은 2016년으로 거슬러 올라간다.

내가 의정부 지점장으로 있을 때였다.

당시 시중은행들은 중도금대출 등을 정부에서 규제함에 따라 중지한 적이 있다.

U회장은 큰 출판사를 경영하다가 출판업을 접고 아파트 분

양사업을 크게 하고 있었다.

앞에서도 도표로 설명했듯 고객들은 은행을 선택할 때 제일 먼저 큰 은행인 산업은행, 수출은행 → kb, 하나, 신한, 우리, 농협 등 → 수협, 광주은행, 부산은행 등 → 저축은행 → 새마을금고, 단위농협 등 → 대부업체, 자산운용사 등의 순서로 알아보고 다닌다.

그런데 정부가 계속 대출 규제를 강하게 하면 고객은 금리가 높더라도 1금융 → 지방은행 → 2금융 → 대부업체 등으로 밀려갈 수밖에 없다.

중도금대출이 막힌 그때 당시도 마찬가지였다. 큰 은행들이 소화를 못 해 버리면 금리가 엄청나게 올라가지만, 아파트 분양 시행사는 공사비 확보가 어려우면 수분양자들에게 손해배상금, 입주지연배상금 등 더 큰 손해가 발생할 수 있어 어쩔 수 없이 선택할 수밖에 없다.

그런 상황에서 U회장이 내게 중도금대출 1천억을 부탁한 것이다.

정부에서 막아버렸는데 본사에서 쉽게 승인할 리가 없었다.

이후부터 본부장님과 둘이 3~4개월 동안 본사에 수없이 다니면서 설득했다. 그 결과 본사에서 실적으로는 '1'도 인정 안해준다는 조건으로 허락했다.

실적으로 하나도 인정 안 해주면 수협은행 어느 지점도 같이 중도금대출을 하려고 안 한다. 그러나 나는 U회장과의 신뢰를 깰 수 없었다.

의정부 지점 직원은 8명밖에 안 됐다.

대출서류 1천억을 받기 위해선 모든 세대 동의서를 받아야 하는데 500세대쯤 됐으니 직원 한 사람당 하루 10건씩 받는다고 해도 6, 7일은 걸려야 다 받을 수 있는 물량이었다.

또 지점 업무도 병행해서 중도금대출 관련 모든 업무를 처리하는 데는 족히 1개월 이상 전 직원의 밤샘 작업이 필요한 일이었다.

이런 강행군을 거쳐 진짜 진짜 어렵게 어렵게 해준 대출이었다.

내가 실적으로는 '1'도 인정 못 받는 일을 끝까지 해낸 것은 고객이 어려울 때 도와줘야 그다음이 있다는 것을 알고 있었기 때문이다.

U회장도 이런 사실을 잘 알고 있었다. 만약 대출이 안 됐으면 공사비 조달이 안 됐을 것이고 그러면 뒤가 계속 어그러졌을 것이다. 몇 번이나 내게 정말 고맙다고 감사 인사를 했다.

궁즉통窮則通, 즉 막다른 골목에 다다르면 반드시 해결책을 찾을 수 있다. 돌파구를 찾으면 여러 가지 대안을 만들 수 있다. 그 대안이 기회고 그 기회가 성공으로 이어진다. 그런데 왜 대안을 찾을 생각은 안 할까.

수협은행 내에서도 한도가 없어서 대출을 중단시킬 때가 많다. 그렇게 대출이 막히면 직원들이 고객에게 "더는 못 합니다" 하고 만다. 그러나 앞으로는 이렇게 말해 보자.

"고객님, 우리 지점에 일단 발을 담그고 있으세요. 그러면 대출 규제가 풀린 시점에는 가장 먼저 가장 좋은 금융 조건으로 지원해 드리겠습니다."

그리고 또 한 가지, 위기일 때 남들이 모르는 채널을 많이 만들 수 있다.

고객이 절박한 상황일 때는 작은 배려에도 감동하고 고마워한다. 그것만으로도 우리 지점은 특별한 지점이 된다. 다시 말해 평생 고객을 확보할 수 있는 것이다.

위기는 한 번으로 끝나지 않는다. 채널 관리를 잘하려면 일단 고객에게 발을 담가놓게 해야 한다. 예금이라도 받아놓는 것이다. 그래야 다음 위기 때 써먹을 수 있다.

대다수 사람은 위기를 위기로만 보고 회피한다. 소수는 문제를 기회와 성공의 발판으로 보고 환영한다.

대다수는 ○○ 문제 때문에 어렵다고 말한다. 몇몇 사람은 ○○ 문제가 있더라도 도전해 보고 싶다고 말한다.

대부분은 문제 때문에 좌절하지만, 극소수는 그 문제를 활용해 자신을 단련시키고 남과 다른 차별적 우위를 만들어 간다. 바로 그 소수의 사람이 승리자이다.

　　위기를 기회로 만들어 비상非常 시기를 비상飛翔할 시기로 만들어 보자.

09.

세상에 공짜는 없다

고객과의 관계는 give and take가 원칙이다.
베풀면 반드시 돌아온다.

정글에서는 기본적으로 give and take가 원칙이다.

여기서 give란 꼭 금융에 국한된 것은 아니다. 내 아이디어를 제공하거나 내가 갖고 있는 재능, 지식 및 네트워크를 공유하는 것도 give다.

또 당장 실현되지 않고 미未 실현되는 것도 give and take에 들어갈 수 있다.

○○○ 법무사는 서원밸리cc에서 소개를 받았다. 폐기물 처리업체를 운영하던 ○○○ 대표가 은행이 기본적으로 대출을 취급하고 있어 고객들 관련 소유권 이전, 근저당 설정 등의 업무가 많이 있을 것이니 ○○○ 법무사를 적극 활용해 달라는 부탁을 한 것이었다.

○○○ 법무사는 해양경찰서에 근무하다가 중국영사를 끝으

로 조기 명퇴하고 중국교포 관련 일을 주 영업 타깃으로 법무사 업무를 시작했다.

교포 관련 일만 해도 쉽게 성공하리라 확신했지만 모든 것이 뜻대로 되지 않는 것이 정글인가 보다. 하필이면 막 개업했을 때 코로나19 위기가 닥쳤고 이 때문에 중국교포 관련 여행, 보따리상 등이 크게 줄어들어 사업도 어려웠던 것으로 생각된다.

그렇지만 나는 이미 다른 법무사 4~5명과 매우 가깝게 거래하고 있었다. 저녁 자리에서 솔직하게 ○○○ 법무사에게 얘기했다. 부탁받고 하지도 않을 일을 말로만 알았다고 하는 것은 내 성격상 맞지 않았다.

"아무리 내가 좋아하는 ○○○ 대표가 부탁했다 해도 양도 많지 않고 줄 수 있는 일도 없습니다. 대신, ○○○ 대표님 부탁이니 시간 되시면 우리 지점에 방문해 주세요. 그러면 그때 사업이 조기 정착할 수 있도록 대안을 드리겠습니다."

한 달여 시간이 지났을 무렵 ○○○ 법무사가 우리 지점을 방문했다. 사업이 어렵긴 했나 보다. 얼굴도 전보다 헬쑥해 보였다. 딱딱한 분위기도 풀 겸 내가 먼저 말을 꺼냈다.

"정글은 정글의 룰이 있습니다. 정글의 룰은 '줄 것이 있어야 받을 것도 있다'예요. 그러므로 먼저 내가 줄 것을 만드는 것이 순서입니다."

그러면서 필요한 마케팅 방법을 몇 가지 소개해 주었고 그에 필요한 금융은 수협은행 등에서 최대한 해결해 줄 것을 약속했다.

그랬더니 그 법무사는 2년이 채 안 되는 기간에 자리를 잡았다. 지금은 금융 건만 생기면 전부 내게 의논하고 해결할 방안을 마련한다. 이것이야말로 진정한 give and take이다.

이런 점에서 볼 때 세상에 공짜가 없다는 것과 give and take는 일맥상통한다.

꼭 물질적인 것, 금전적인 것만 주는 게 아니고 마케팅 방법이나 나만의 스킬을 전수하고 서로 공유하게 되면 상대에게도 그만큼 돌려주게 되는 것 같다.

○○○ 건설 U회장과의 힘든 고비는 생각보다 빨리 찾아왔다.

이듬해부터 정부 규제가 다시 완화되어 시중은행들이 서로 취급한다고 회장님을 찾아갔다.

그러나 회장님은 '비 올 때 우산 씌워준 유일한 은행'이라는 이유에서, 다른 데보다 금리가 좀 높아도 약 2천억 중도금대출을 우리 지점에서 받기로 했다. 다만, 심사부는 중도금대출에 대해 협약서상 P건설사 연대보증을 하도록 사전 조건을 부여하였다.

따라서 일의 순서는 시행사 및 시공사와 중도금대출 협약서에 기명날인한 후 수수분양자들에게 중도금대출 동의서 등 자필서명을 받는 것이 먼저였으나. 빡빡한 대출 일정을 맞추려다 보니 중도금대출 동의서 징구와 병행해 협약을 진행하기로 사전 약속했다.

그런데 이게 무슨 일인가? 수분양자 동의서를 받고 있는 데 갑자기 P건설 측에서 연대보증을 해줄 수 없다고 거절 의사를 밝혔다. 정말 기절초풍할 일이었다. 단 ㅇㅇㅇ 건설 쪽에서 돌관공사를 해주면 연대보증을 해주겠다고 했다.

돌관공사란 인력과 자재를 밤낮없이 투입해서 납기를 맞추는 것이다. 당연히 돌관공사를 하면 인건비, 자재비 등으로 전체 공사비도 늘어날 수밖에 없다. 돌관공사 비용은 건축주가 오케이 하면 건축주가, 시공사가 자체적으로 하면 시공사가 부담해야 한다.

결국 시공사인 P건설 측은 시행사인 ㅇㅇㅇ 건설이 돌관공사에 대해 오케이하고 공사비를 증액해 달라는 얘기였다.

당연히 시행사인 회장님 쪽은 과거 타 건설사와의 공사비 소송에서 패소해 500억을 추가 부담한 경험 등에 비추어 오케이는 못 한다고 하고, P건설은 그러면 연대보증 안 해주겠다고 버텼다.

우리는 이미 ㅇㅇㅇ 건설에게 중도금 대출해 준다고 수분양자한테 자필서명까지 받아놓은 상태였다. 그러니 이러지도 저러지도 못하고 대출 안 해주면 민원 들어가고 은행 내외부적으로 난리가 날 판이었다.

하루하루가 지날수록 피가 말랐다. 3~4개월이 지나는 동안 P건설사도 U회장님과도 수차례 만났다. 날짜를 뒤로 연기하고 연기해도 어느 한쪽도 양보를 안 했다.

'이젠 정말 끝이구나…' 싶었을 때 회장님께 먼저 연락이 왔다.

청담동 쪽에서 만났을 때 회장님께서 나를 지긋이 바라보며 말씀하셨다.

"다른 사람 같으면 안 해. 이 건도 오케이 하면 다투어야 할 소송금액이 얼마가 될지 모르지만… 내가 어려울 때 성심성의껏 도와준 조 지점장이어서, 수협에 내가 빚진 것도 있어서, 그래서 내가 양보하는 거야."

5개월 만에 U회장이 내린 결론이었다.

회장님 말씀을 듣는 순간 그동안 마음고생한 것이 생각나 울컥했다. 그리고 감사했다. 공사비가 얼마나 늘어날지도 모르는 돌관공사를 오케이 하기로 한 것은, U회장이 어려울 때 도움을 받은 것을 잊지 않았던 덕분이다.

이 일로 정말로 세상에는 공짜가 없음을 한 번 더 실감했다.

10

정답은 매우 가까운 곳에 있다

고객은 어디서 찾아야 하는가?
한마디로 말하면 내 안에 모든 답이 있다.
멀리 갈 것 없이 내 주변 내 가까이에 있는 보석을 찾아보고 알아봐야 한다.

마케팅 최 일선에 있다 보니 고객을 찾아 대한민국을 이 잡듯이 사방팔방 돌아다니는 직원들을 많이 보게 된다. 그러나 그렇게 열심히 다녀도 별 소득은 없다.

왜일까? 이미 누군가 선점해 놓았고 또는 서로를 이해하는 데 시간이 필요하기 때문이다.

고객과 처음 만나게 되면 서로를 알기 위해 탐색전이 시작된다. 속된 말로 간을 보는 것이다. 처음에는 당연히 접점을 맞추는 데 시간이 오래 걸린다.

그런데 은행의 현실은 냉정하다. 수협은행도 6개월 만에 한 번씩 KPI 평가를 받고, 실적이 안 나오면 가차 없이 잘리는 상황에서 언제까지 탐색만 하고 있겠는가?

후배가 강북에 있는 ○○○지점 지점장으로 처음 발령을 받았다.

전부터 알고 친하게 지내던 사이였기에 인사명령을 받은 후 보름쯤 되었을 때 찾아갔다. 걱정스러운 마음에 이것저것 근황이 어떤지 물었다.

"요즘 어때? 잘 지내시나? 지점장이 돼보니 직원으로 근무할 때와 많이 다르지? 지점장으로서 어떻게 할지 막막하고 고민스러울 텐데 그래도 그만하면 잘하고 있는 거야. 근데 뭐 하고 있는지 얘기해 봐."

역시나 예상은 빗나가지 않았다. 후배는 방향을 잡지 못한 채 고객을 섭외한다고 서울과 수도권을 이 잡듯이 다니면서 우왕좌왕하고 있었다. 별 성과가 없었는지 답답한 표정을 지으며 내게 조언을 구하였다.

"선배님, 어떻게 해야 잘할 수 있을까요? 막막해요….."

"자, 잘 들어봐. 고객은 어디서 찾아야 할까? 한마디로 말하면 내 안에 모든 답이 있는 거야. 등잔 밑이 어둡다고, 멀리 갈 것 없이 내 주변 내 가까이에 있는 것부터 찾아보는 게 정답인 동시에 가장 빨리 성과를 달성할 수 있다는 얘기야."

"선배님, 말은 알겠는데 너무 모호해요. 쉽게 이해할 수 있도록 설명 좀 해주세요. 부탁드려요!!!"

내가 찬찬히 설명해 주었다.

"사실 마케팅할 때 나 자신이 무슨 패를, 얼마나 좋은 패를 가졌는지 아는 사람은 별로 없어. 주변부터 살펴봐. 누가 있을까? 퇴직하는 선배들이 있지 않아? 그들은 엄청나게 많은 키맨key men을 알고 있어. 퇴직하는 사람에게는 더 이상 키맨이 필요 없잖아. 그들을 찾아가서 '선배님, ○○은 어떻게 알았어요? 전화번호 좀 알려주시면 안 될까요?' 부탁해 봐. 대부분 알려줄 거야."

"정말 알려줄까요?"

"당연하지. 자신에게는 더 이상 필요 없는 정보인데 뭣 때문에 아끼겠어, 안 그래? 그렇게 한 명 두 명 명단을 입수한 키맨들에게 연락하고 직접 찾아가 열심히 영업하면 퇴직하는 선배의 키맨들이 네 것이 될 수 있는 거라고."

"와, 역시 조 선배님은 다르네요. 또 한 수 배웠습니다."

내 조언을 들은 후배가 연신 감탄하며 고개를 끄덕였다.

또한 지점과 거래하는 고객을 이해해도 다양한 연결고리 및 보석을 찾을 수 있다.

수협은행은 건축 관련 고객들이 많이 있다. 건물을 신축/판매하기 위해서는 많은 하청업체가 필요하다. 건축허가는 건축사가, 공사는 토목, 골조, 인테리어, 마감 관련 새시sash 등 다양한 분야의 전문가가 동원되고, 건축이 완료되면 분양사무실 분양팀, 소유권 등기 관련 법무사 등이 필요하다.

만약 지점장이 건축 관련 대출을 취급하고 싶다면 혼자서 수도권/서울을 방황할 것이 아니라 건축주 A 또는 하청 업체 대표에게 부탁해 보라. 그러면 다른 B, C, D 건축주를 소개받는 것이 가능할 것이다. 왜냐하면 건축주 A, 하청업체는 A만으로는 만족한 사업 성과를 얻을 수 없으므로 다른 B, C, D와 인연을 맺고 있을 것이기 때문이다.

대출서류에 첨부된 부동산 매매계약서도 빼놓을 수 없다.

매매계약서를 보면 매도인, 매수인을 연결한 부동산중개업소 정보를 쉽게 알 수 있다.

그들은 이미 잔금 치를 때 수협은행을 경험해 봤기 때문에 직접 찾아가서 마케팅하면 처음 접하는 부동산중개사보다 수협은행의 장단점을 어필하기 한결 수월하다.

법무사나 사무장들도 좋은 타깃이다.

법무사에게는 계약서만 수십 장 있다. 오히려 정보가 넘쳐나 다 못 챙길 정도다. 이렇게 주변에 보석들을 놔두고 그건 못 알아채고 밖으로만 찾아다니는 것이다.

언젠가부터 수협은행은 KPI 항목에 가맹점계좌 신규란 것이 신설되었다.

직원들이 다들 "이걸 어떻게 채우느냐?"라고 볼멘소리한다.

이 또한 왜 멀리 가서 찾는가?

여신처를 뒤져 보자. 개인사업 하는 사람들이 굉장히 많을 것이다. 장사하는 사람들도 많다. 그 사람들만 추려도 우리 실적은 다 채울 수 있다. 우리와 거래만 안 하고 가맹점 결제 계좌만 없는 것뿐이다. 여신처가 바로 노다지 밭이다. 가까운 곳부터 공략해야 성공할 확률도 높아진다.

이런 간단한 이치를 깨우친 직원이 거의 없는 것도 문제다.

그들 대부분이 "가족 중에는 친구 중에는 실적을 올려줄 사람이 더는 없어요"라고 변명만 한다. 아니, 내가 언제 밖에서 찾으라 했는가? 은행 안에서 다 찾을 수 있는데!

자영업자 고객에게 마케팅하다가 그 사람이 여의치 않으면, 다른 사람이라도 소개해 달라고 왜 말을 못 하는가? 해보지도 않고 포기하는 것이 가장 큰 문제다.

앞서 언급한 ○○○ 법무사도 마찬가지였다. 중국 영사로 일하다 명퇴 후 법무사를 개업했지만, 하필 코로나19 등으로 어려우니 도와달라는 것이었다. 그때 내가 가르쳐 준 방법은 이렇다.

"법무사님은 생각보다 가지고 있는 것이 많습니다. 일전에 함께 골프 친 ○○○ 대표님 있잖아요, 그 대표님이 다양한 사업을 합니다. 그중 하나가 택지조성 후 분양입니다. 땅을 매입할 때 소유권이전등기가 필요하고, 사업비 대출받을 때는 근저당 설정이 필요하고, 준공 후 완공등기 및 수분양자들에게 토지분양을 하면 지분별 소유권이전등기 등등 얼마나 많은 일이 발생하는지 알고 있으신가요?"

"아, 정말 그렇군요!"

ㅇㅇㅇ 법무사가 무언가 깨달았다는 듯 눈을 반짝였다. 조금 텀을 두었다가 내처 말했다.

"또 거기 분양사무실 있지 않습니까. 분양하는 사람들은 그 사람 것만 분양하는 것이 아니라 또 다른 시행하는 사람들을 굉장히 많이 알고 있습니다. 그 분양사무실에 가보세요. 자꾸 가서 얼굴을 익히다 보면 시행하는 사람들과 자연스럽게 친하게 되고, 그 사람들과 연결되면 법무사님 일도 많이 생기지 않겠습니까."

이후 내가 알려준 마케팅 방법을 십분 활용한 ㅇㅇㅇ 법무사는 난관을 극복하고 순탄 대로를 달리고 있다.

하루는 전부터 잘 알고 지낸 회계사와 만났다.

그는 국내 회계법인 빅4에 있다가 개업을 한 사람이다. 어떤 직종이나 마찬가지지만 개업해서 성공하는 것이 절대 쉬운 일은 아니다. 성공하려면 적어도 시장을 뼛속 깊이 이해하고 자기만의 고객을 개척해야 한다. 그렇게 해도 최소 5년은 고생 고생해야 제대로 정착할 수 있다.

나와 만난 회계사는 양도세, 상속세 전문으로 꽤 성공한 편이었다. 그에게 성공 비법에 관해 물었다.

"치열한 싸움터에서 어떻게 고객을 만들어 냈나요?"

"전 운이 좋았어요. 신천지를 발견했거든요."

"신천지요? 대체 신천지가 어딘데요?"

그가 살짝 미소를 지으며 대답했다.

"경찰서예요."

"네? 경찰서가 신천지라고요?"

예상치 못한 대답에 의아해하는 나를 보며 그가 말을 이었다.

"과태료란 게 있잖습니까. 과태료는 행정처벌, 형사처벌과 관련이 있어요. 경찰서에는 상속세, 양도세부터 여러 가지 세금 위반 자료들이 가득해요. 그러니 그곳이 제게는 신천지나 마찬가지죠, 뭐."

나는 그의 말을 들으며 무릎을 탁! 쳤다. 경찰서 자체가 회계사에게는 정보창고였던 것이다. 새삼 시장을 보는 눈을 떠야 한다고 생각했다. 회계사가 경찰서 가서 신천지를 발견한 것 자체가 발상의 전환이다.

결국 마케팅도 종이 한 장 차이다. '발견'은 새로운 땅을 찾아내는 것이 아니고 새로운 눈으로 보는 것이라 한다. 새로운 땅만 찾으려고 헤매지 말고, 새로운 눈으로 내 가까이에 있는 정답부터 스스로 찾아보자.

11.

여러 가지 업종의
고객 포트폴리오를 구축하라

포트폴리오를 구축할 때 어떤 업종이든 한쪽으로만 치우치면 안 된다.
임대사업자, 건축업자, 요양원, 자산가 등으로 적절하게 안분되어야 한다.
그래야 경기변동에도 대응 가능하고 롱런 할 수 있다.

미국의 경제학자 제임스 토빈이 노벨 경제학상을 수상한 직
후 한 기자가 '포트폴리오 이론'에 대해 쉽게 설명해 달라고
요청했다. 그가 한 문장으로 답했다.

"달걀을 한 바구니에 담지 말라."

달걀을 한 바구니에 담았을 때 실수해서 떨어뜨리면 모든
달걀이 깨지기 때문에 한 바구니에 담지 말라는 것이었다. 이
후 이 말은 유명한 주식 격언이 되었다.

은행 마케팅에서도 고객의 포트폴리오를 구축할 때 어떤 업
종이든 한쪽으로만 치우치면 답이 없다.

세무사가 세무 관련 업무 외에 기장 대행 업무도 하면서 부

가적으로 이익을 가져가는 것처럼 은행도 마찬가지다.

나는 압구정점에 재직하면서 3년 동안 5천억 정도의 대출 성과를 올렸다.

이때 건축자금 1천억, 임대사업자 2천억, 잔금대출 한 2천억 등등으로 나누어서 다양하게 포트폴리오를 구성했다. 이렇게 해야 영업실적 평가도 좋게 받을 수 있다.

한 가지 업종에만 치우친다면 금융환경 변화, 내부여신 정책 등에 따라 실적이 등락할 수 있는 여지가 많다는 것이다.

어느 날 직원들이 나에게 물었다.

"센터장님은 어떻게 그렇게 오랜 세월 동안 실적이 계속 우상향할 수 있나요?"

내 대답은 간단명료했다.

"다양한 업종의 다양한 고객 포트폴리오를 만들면 돼요."

사실 마케팅을 전담하는 직원들도 이론적으로는 이해하고 있는데, 막상 포트폴리오를 다양하게 구성하려고 하면 그것이 어렵게 느껴진다고 한다.

그러나 나는 산업별, 부동산 종류별 특성을 잘 이해하고 그 특성에 맞는 키맨과 연을 맺는다면 다양한 포트폴리오 구축이 얼마든지 가능한 일이라고 생각한다.

내가 구축한 포트폴리오에는 건축업자도 있고 임대사업자도 있다.

사업하는 사람만 있는 것이 아니다. 증권회사도 있고, 저축은행, 자산운용사부터 임대사업자, 건축업자, 요양원, 자산가 등등 돈이 필요한 사람들이 다 모여 있다.

이들에게서 1년에 한 번씩 정보를 받는데 많이도 필요 없다. 1년에 한 번만 받아도 충분하다.

내게 요청이 들어오면 포트폴리오의 인맥을 최대한 활용하여 대안을 만들어 제시하고, 이들을 서로 연결하여 좋은 성과를 얻기도 한다.

이렇듯 여러 가지 업종의 고객들로 분산하여 포트폴리오를 만들어야, 경기변동에도 대응 가능하고 롱런 할 수 있는 것이다.

글로벌 CEO의 긍정 메시지

· 뛸 사람은 뛰어라. 바삐 걸을 사람은 걸어라. 말리지 않는다. 걷기 싫으면 놀아라. 안 내쫓는다. 그러나 남의 발목은 잡지 말고 가만히 있어라. 왜 앞으로 가려는 사람을 옆으로 돌려놓는가?

· 남이 잘됨을 축복하라. 그 축복이 메아리처럼 나를 향해 돌아온다.

· 돌다리만 두드리지 말라. 그 사이에 남들은 결승점에 가 있다. 빠르게 변하는 시대다. 너무 오래 생각하다 보면 기회를 잃는다. 신중히 생각 하느라 시간을 끄는 것보다 실패해도 시도하는 게 좋다. 신중을 핑계로 결정을 미루느니 빨리 실패하고 빨리 재도전하는 것이 성공 가능성을 높이는 길이다.

· 더운밥 찬밥 가리지 말라. 배 속에 들어가면 찬밥도 더운밥이 된다.

· 부자 옆에 줄을 서라. 산삼밭에 가야 산삼을 캘 수 있다. 호랑이를 잡으려면 호랑이굴에 들어가야 한다. 부자가 되고 싶으면 부자들이 모이는 곳에 가서 직접 보고 듣고 대화를 나누고 경험해 봐야 한다. 부자들이 어떤 사람들인지 알아야 부자가 될 수 있다.

· 들어온 떡만 먹으려 말라. 떡이 없으면 나가서 만들어라. 실패한 사람 은 문제만 보고 성공한 사람은 문제의 해법을 찾는다. 떡이 없는 문제 가 생겼을 때 떡을 만들 해법을 찾는 행동을 하라.

－ **이건희**(前 삼성전자 회장)

12.

때를 맞추어 영업하라

때라는 것은 나 자신의 때가 있고 고객(상대방)의 때가 있음을 알아야 한다.
모든 일은 각자의 때를 조화롭게 잘 맞추어 윈윈 할 수 있어야 한다.

"인생은 타이밍"이란 말이 있다.

많은 일에는 타이밍이란 게 있어 그때 못하면 영원히 못 하
게 된다. 사랑도, 결혼도, 승진도, 영업도 그렇다. 그러니 무
엇을 하든 항상 타이밍과 때를 맞춰서 해야 한다.

은행 특성상 직원들은 항상 실적에 대한 평가를 받는 피평
가자이다. 그러다 보니 대출 쪽만 유독 많이 하는 직원이 있
다. 대출을 많이 하면 은행의 이익증대에 기여는 되지만 피
평가자인 A직원의 실적평가와 일치하여 좋아진다고 할 수는
없다.

은행은 필요에 따라 매년, 매반기마다 또는 상황에 따라 성
과평가 기준을 변경한다.

어떤 기간에는 영업점 성과평가 기준에 대출평가는 없고 예금평가만 있을 수 있는데, A직원의 경우 대출만 많이 한다.

대출을 하더라도 부수적으로 따라올 수 있는 예금도 건드려야 하는데, 엉뚱하게 대출만 하고서, "내가 이렇게 은행에 기여했는데도 업적평가 점수는 낮아!"라고 불만을 제기한다.

즉 때를 맞추지 못한 것이다.

열심히 노력해서 여수신 많이 한다고 꼭 1등 하는 것도 아니다. 무엇보다 조직이 정한 KPI 등을 잘 살펴보고 언제, 어떻게, 무엇을 할 것인지 항상 때에 맞게 생각하고 행동하라.

또 때라는 것은 나 자신의 때가 있고 상대방의 때가 있음을 알아야 한다.

특히 고객의 때를 잘 맞춰야 한다.

예를 들어 연말에 올해까지 손익을 확정시키고 내년에 세금 손익을 이월하게 되면, 내년에 세금이 더 많이 나올 수 있다.

그런데 고객 중에는 올해 세금을 내서 유리한 고객과 내년에 내서 유리한 고객이 있다. 그러므로 각각 고객마다 다른 때를 잘 맞춰주는 것이 관건이다.

즉 나도 때를 맞춰야 되고 고객의 때도 맞춰야 윈윈 할 수 있다. 때라는 것이 그만큼 중요한 것이다.

은행 거래하는 가장 좋은 때도 알아야 한다.

은행은 1년 계획을 세운다. 연초부터 연말 계획을 쭉 세워서 대출을 얼마까지 하겠다고 한도를 설정한다.

수협의 경우 1년에 두 번 상반기/하반기 계획을 세운다. 따라서 한도를 설정한 1월과 7월 초에는 한도가 넘치니까 반기 말 목표 달성을 위해 조기에 대출을 막 푼다.

그러면 6월, 11월, 12월은 어떨까? 당연히 가장 안 좋다.

왜냐? 한도가 조기에 소진될 수 있기 때문에 특히 연말로 갈수록 금융 조건이 최악으로 바뀐다. 즉 금리는 올라가고 대출조건은 까다롭게 제시될 것이다.

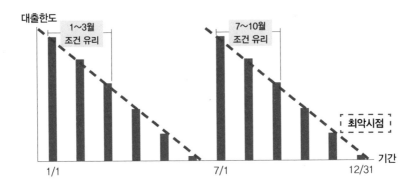

이때 위와 같이 간단하게 그래프를 그려 설명하면서 고객들에게 컨설팅해 보자.

"고객님! 11, 12월에 대출받는 것보다는 그다음 해 넘겨서 최소한 1, 2, 3월에, 그게 안 되면 7~10월에 대출받는 것이 금융조건도 좋고 더 유리합니다."

이렇게 알기 쉽게 컨설팅해 주면 고객들이 얼마나 좋아하겠는가!

금리 등 금융조건을 더 좋게 해준다는데 굳이 미리 할 사람이 있겠는가. 버틸 수 있는 고객은 직원의 말을 믿고 따를 것이다.

이런 식으로 고객에게 때를 맞춰주고 타이밍을 조절해 주는 것이다.

고객의 때를 맞춰주면 결과적으로는 내 때도 맞는 것이다. 1~3월, 7~10월이 고객의 니즈와 은행의 니즈를 가장 적절히 맞출 수 있는 기간이다. 이를 알면 영업성과를 올리는 데 굉장히 플러스가 된다.

13

이 세상에 내 것은 하나도 없다

금융에 인색하게 굴지 말고 고객에게 아낌없이 주어라.
좋은 인연을 만들 수 있다.

한창 몸이 좋은 20, 30대에는 미처 몰랐지만 살다 보니 내 몸도 내 것이 아니라는 생각이 든다.

그저 육신만 빌려서 잠시 쓰는 것일 수도 있으니, 사는 동안 잘 간수하여 70, 80세까지 건강하고 행복하게 사는 것이 지혜로운 것 같다.

그리고 보면 이 세상에 내 것은 하나도 없는 것인지도 모른다.

옛날에 나무 한 그루가 있었다. 그 나무에게는 사랑하는 소년이 있었다.

소년은 나무줄기를 타고 올라가며 매달려 놀고, 그네도 타며 사과도 먹고 숨바꼭질했다. 피곤해지면 나무 그늘에서 잠을 청하기도 했다.

세월이 흘러 소년은 물건 살 돈이 필요해서 사과를 따서 가져갔다.

더 많은 세월이 지나 소년은 나뭇가지를 베어서 집을 지었다.

또 시간이 지나 소년은 나무줄기를 베어 배를 만들어서 타고 멀리 떠났다.

오랜 세월이 지나 소년이 다시 돌아왔는데 나무는 안간힘을 다해서 굽은 몸뚱이를 펴 밑동을 내놓았다.

소년은 그 나무 밑동에 앉아서 지친 몸을 쉬고 나무는 행복해하며 소년에게 말했다.

"너에게 더 줄 게 있으면 좋겠는데 내게 남은 것은 아무것도 없구나. 늙어버린 나무 밑동밖에 안 남았어. 미안해."

쉘 실버스타인의 베스트셀러 『아낌없이 주는 나무』의 줄거리다.

마케팅도 예외가 아니다.

나는 종종 지점장들이 금리 0.1%, 0.2% 때문에 고객들과 싸우는 것을 자주 봐왔다. 고객과 싸운다고 해서 그것이 내 것이 되는 것도 아닌데 말이다.

물론 금리를 0.1% 더 받으면 당장 조직에는 도움이 될 수 있다. 그러나 마케팅에서 가장 중요한 고객과 나와의 관계를 놓고 보면 그건 절대 아니다.

굳이 내 것도 아닌 것 때문에 고객과의 관계를 절벽으로 만들면서까지 금리를 조금 더 받는 것은 자신뿐 아니라 은행 실적 증대에도 전연 도움이 되지 않기 때문이다.

지점장은 고객을 처음 만나 상담하는 경우가 많다.

고객들은 대출한도는 얼마나 되는지, 금리는 어떻게 되는지 관심을 표명한다.

신용등급에 따라 다른 결과가 만들어지는데도 말이다. 오로지 과정이 아닌 결과만을 얘기해 주기 바란다.

그래서 나는 첫 고객이 오면 은행 생리에 대해 먼저 알려주고, 고객이 일부 과정을 선택할 수 있도록 몇 가지 제시한다.

"고객님, 은행에서는 신용등급이 매우 중요합니다."

"신용등급은 금리를 다운시키는 역할을 하고 대출금액은 늘리는 역할을 합니다."

"신용등급을 산출할 때는 수협은행의 경우 외부자료를 60% 정도 쓰고 내부자료 40%를 사용합니다. 이 두 개를 혼합해서 신용등급을 산출하는 것입니다."

은행마다 약간씩 차이가 있다. 어쨌든 외부자료는 불변하므로 내생변수인 거래실적을 쌓으면 신용등급을 올릴 수 있고 다른 결과를 만들어 낸다는 뜻이다.

바로 여기에 초점을 맞추어 설명한다.

"고객님, 우리 수협은행은 등급 산출할 때 통상 3개월 전 실적을 봅니다."

"그런데 등급 산출 시 월말을 넘겨서 매월 초에 반영합니다."

이렇게 은행 생리에 관해 설명하고 고객이 선택할 수 있도록 유도하는 것이다.

예를 들어 1월 30일에 통장을 개설하면 2월 초에 1회차 반영되고 3월 초에 2회차 반영되고 4월 초에 3회차 반영되므로 적어도 4월 초까지 가지고 있어야 한다.

그러면 3개월 전 실적이 충족되어 신용등급이 올라가고 고객은 원하는 대로 대출은 많이, 금리는 최대한 저렴하게 받을 수 있다고 설명해 준다.

그러면서 대출 거래하기 전에 미리 발 담가(에쿼티(Equity) 예치 등) 놓으라고 귀띔해 주는 것이다.

신용등급 올리는 방법을 이렇게 쉽게 설명해 주면 고객 대부분이 거래하게 된다. 만약 3개월 후에 다시 거래를 끊어도 우리와 통장 거래를 미리 했기 때문에 최소한 여신 검토 비용은 상쇄할 수 있다. 이렇게 하면 고객한테도 유리하고 은행도 좋다.

이렇게 아낌없이 주는 나무처럼 우리도 고객에게 은행 생리를 설명하고 아낌없이 다 주면 어떨까? 대출한도도 최고로 높여주고, 금리도 최고로 싸게 해주고!

만약 고객이 자신이 배려받고 있다는 느낌을 받는다면 그 고객은 분명 감동할 것이고, 이후에도 계속 나를 찾아올 것이다. 뒤이어 다른 우량 고객도 소개해 줄 것이다.

사실 내가 고객에게 무한정 퍼준다 해도 은행 시스템상 내규, 심사부, 절차 등으로 제약이 있어 무조건 내 맘대로 다 줄 수도 없다. 그러니 굳이 내가 먼저 나서서 안 된다고 말할 필요가 없는 것이다.

그렇지 않아도 은행을 찾는 많은 수의 고객들이 은행 문턱이 높다고들 생각한다. 문턱을 넘을 때마다 숨이 턱턱 막힐 정도라는데, 그런 고객에게 간단하게 "안 돼"라고 거절하면 고객들은 대체 어디에 기대겠는가.

나는 그래서 내 조건만 맞춰주면 고객에게 줄 수 있는 것은 아낌없이 모두 다 준다.

말로만이 아닌 실제로도 다 주다 보니 감동받은 고객들이 너나 할 것 없이 오히려 영업실적에 도움이 될 수 있게 더 뭘 해주려고 난리다. 내가 해주지 말라 해도 고객들이 먼저 알아서 다 해주는 것이다.

마케팅 비법이라는 것이 멀리 있는 것이 아니다.
굳이 내 것도 아닌 것에 인색하게 굴지 말고, 고객은 친절한 말 한마디에도 감동받음을 잊지 말자.

글로벌 CEO의 긍정 메시지

· 겨울은 내 머리 위에 있다. 하지만 영원한 봄은 내 마음속에 있다.

· 세상은 여러분의 자존심 따윈 신경 쓰지 않는다. 세상은 여러분이 만족을 느끼기 전에 무언가를 이루기를 기대한다.

· 좋게 만들 수 없다면 적어도 좋아 보이게 만들어라.

· 성공은 형편없는 선생이다. 똑똑한 사람들로 하여금 절대 패할 수 없다고 착각하게 만든다.

· 나는 의사소통을 진작시키는 모든 도구가 사람들이 서로 배우는 방식, 누리고자 하는 자유를 얻어내는 방식에 지대한 영향을 미친다고 굳게 믿는다.

· 삶은 공평하지 않다. 이 사실에 익숙해져라.

— **빌 게이츠**(마이크로소프트 설립자)

14

하지 말라는 것을 해야
신규시장/신규고객 개척이 수월하다

정부가 하지 말라고 하는 것, 본사에서 하지 말라고 하는 것을 열심히 해보라.
오히려 그때가 신규시장과 고객을 확보할 수 있는 최고의 기회다.

마케팅을 하는 입장에서 살펴봤을 때, 하지 말라는 것을 왜? 해야 할까?

세상에는 하지 말라고 하는 것을 꼭 해야 하는 고객도 있고, '지금은 아니더라도 한두 달 후 대출이 필요한데…' 하고 불안에 떠는 고객들도 있을 수 있기 때문이다.

앞서 설명한 바와 같이 은행에서는 보통 1년 대출한도를 상반기, 하반기로 나눈다.

1월과 7월에 사업계획을 세워 대출 목표액을 정해 놓으면 당연히 6월과 12월에는 목표액에 가까워지기 때문에 점점점 한도가 줄어든다. 5월 말이나 11월 말부터는 예약된 것만 해도 대출이 다 차게 되는 것이다.

그러면 "땡땡땡! 대출은 이제 그~만, 우리 문 닫았어!" 하게 되고 본사에서도 대출을 그만하라고 한다.

그런데 6월이나 12월에는 대출을 원하는 고객이 없을까?
엄청 많다. 올해 안에 잔금을 치러야 하는 사람들이다.
연도가 넘어가면 이익이 달라진다. 올해 이익하고 내년 이익은 과세가 달라질 수 있고 그래서 올해 안에 불가피하게 처리해야 하는 사람들도 많은 것이다.

그러므로 다른 은행이나 다른 지점에서 대출을 더 이상 안 할 때 바로 그때 거래처 찾아다니면서 새 고객을 만들어야 한다.
고객 입장에서는 다른 데는 대출이 막혀 있는데 우리가 고객을 찾아다니며 미리 발 담가놓으라 하고, 지금은 대출이 곤란해도 연초에 한도가 풀리면 좋은 조건으로 제일 먼저 금융을 풀어준다고 하면 좋아할 수밖에 없다. 이런 식으로 사전작업을 해놓으면 나중에 내가 어려울 때 그 고객이 도와줄 수도 있는 것이다.
이처럼 정부에서 하지 말라고 할 때, 회사 내에서도 대출 상품별로 한도가 꽉 들어차 해당 상품을 그만하라고 할 때, 그때 열심히 다니면 내가 원하는 고객을 찾기가 오히려 더 쉽다.

요즘 소아과나 이비인후과는 장사가 안돼 죽을 맛이라고 한다. 다 마스크를 쓰고 다녀서 감기 환자가 없기 때문이다.

그때 그때마다 어려운 상황에 처한 거래처 또는 산업이 어떤 것인가를 먼저 파악하고, 무조건 찾아가서 밥 한 끼라도 대접해 보라. 그러면서 "경기가 좋아지면 제 것 써주세요" 해보라.

어려울 때 찾아준 것을 고마워하면서 내 고객이 될 확률이 높아진다.

지금 잘되는 곳에는 이미 은행들이 너도나도 몰려 있고 경쟁하고 있다. 굳이 경쟁률 높은 데 가서 힘 뺄 필요가 없다. 어찌 생각하면 참 기본적인 것인데 이 기본적인 것을 이해하는 직원이 별로 없어 안타깝다.

대출한도가 없어지는 연말에, 다들 더 이상 대출하지 말라고 할 때, 분양사무실 다니면서 주 키맨들에게 발을 담가두라.

그리고 슬쩍 제안하는 것이다. 세상에 공짜가 어딨는가. 무엇이든 give and take다.

"이번에는 당신한테 이것 해줄 테니까 다음에는 당신이 쉬운 거 하나 줘봐요."

그러면 많은 키맨들이 대출이 필요한 사람 추천해 주고 고객들도 서로 해달라고 난리일 것이다.

즉 남들이 안 하고, 하지 말라고 할 때, 이렇게 나만의 채널을 만들어서 신규고객을 수월하게 확보해 나가는 것이다.

15

고객이 도움을 요청하면 'No'라고 하지 않기

> 정글에도 해답은 반드시 있다.
> 고객이 도와달라고 할 때 도움을 주면 결국
> 그 모든 것이 내 자산이 되고 내 힘이 된다.

오래전 한 증권사의 CF가 장안에 화제가 된 적이 있다.

"모두가 YES라고 답할 때 NO라고 말할 수 있는 사람!
모두가 NO라고 답할 때 YES라고 말할 수 있는 사람!"

나는 두 번째 카피가 더 마음에 꽂혔다. 마케팅할 때 꼭 필요한 자세라고 생각했기 때문이다.

2019년 압구정지점에 근무할 때다.

휴대폰 카메라 모듈을 만드는 업체가 있었다. 매출이 1조 정도 되니 무척 큰 업체였다. 이곳 K전무와 두 번째로 만나 밥을 먹었다. 그 자리에서 K전무가 생뚱맞게 말했다.

"누가 자꾸 뒤통수를 쳐."

"엥? 누가요?"

"은행들이 말이야, 자꾸 뒤통수를 치는데 너무 아파."

나는 재무관리 쪽에서 오래 일했기 때문에 단번에 무슨 얘기인지 알아들었다. 뒤통수친다는 건 은행에서 금리 안 깎아주는다는 의미였다. 자기들은 잘나가는 업체인데 은행들이 대우 안 해주고 금리는 비싸게 받으니 나쁜 놈들이란 의미였다.

"아니, 전무님. 신용등급 관리를 못 하니까 뒤통수를 맞는 거예요."

"우리가 신용등급 관리를 뭘 못했는데? 만약 그렇다면 조지점장이 좀 도와줘 봐."

"알았어요. 대신 내 말 듣고 그대로 따라야 해요."

"OK! 조 지점장이 도와준다는데 따르지 뭐."

나는 인생을 살면서 나와 관계 맺은 사람들은 더 잘되어야 한다고 생각한다. 그래야 언젠가 그 사람도 나를 도와줄 수 있다. 이런 가치관이 깔려 있기 때문에 기꺼이 K전무 회사 컨설팅을 맡기로 한 것이다.

신용평가회사는 많다. 나는 본사 근무 때 우리 회사 최초로 Moody's나 S&PM도 다 해봤고, 은행 등급도 10등급을 한 번에 올려서 회사에 크게 기여한 적이 있다.

신용평가사에서 기업의 신용을 평가할 때 가장 중요하게 여기는 점은 그 업체가 잘나가고 돈을 많이 버는 것도 중요하지만, 장기적으로도 생존 가능성이 큰가 적은가에 따라 차이가 발생할 수 있다는 점이다.

즉 신용등급을 올리려면 장기적 생존 가능성을 어필할 수 있는 자료를 만들어야 한다.

첫째, 재무 분석해 보니 상태가 양호하다.

둘째, 특허도 많이 갖고 있다.

셋째, 삼성전자뿐 아니라 자동차 회사도 자율주행을 하려면 카메라가 다 들어간다. 무기 산업에서도 모듈 카메라가 필요하다. 즉 거래처의 다변화가 가능해 새로운 거래처를 계속 발굴할 수 있으므로 기업의 발전 가능성이 크다.

넷째, 은행 관계도 좋다.

다섯째, 해외 공장도 잘 돌아간다.

이렇게 자료를 만들어서 어필하니 예상대로 신용등급이 좋아졌고, 금리 역시 1~2%로 떨어졌다. 얼핏 보면 별 차이 없다고 느낄 수도 있으나 이 업체가 기본적으로 천억 정도 쓴다는 것을 감안하면 족히 10~20억은 세이브한 것이 된다.

내 지식을 활용해서 도와줄 수 있는 것을 도와주면 나중에 반대로 도움을 받을 수도 있고, K전무가 얘기한 뒤통수에 대한 답도 만들어줄 수 있는 것이다.

사실 지점장에게는 이런저런 부탁이 많이 들어온다. 설사 우리와 안 맞는 것이어도 나는 다 도와준다. 원래 은행 일이라는 게 고객들 돈 벌게 도와주는 것 아닌가.

컨설팅이란 것은 한마디로 구조를 짜주는 것이다. 구조를 짜서 이 업체는 안전하니 매출이 이렇게 나온다고 어필하고, 우리와 안 맞을 땐 채널을 동원하여 연결시켜 주면 된다.

물론 공짜는 아니다. 주간사 수수료 0.5%는 회사 이익으로 돌아올 수 있다.

이런 일들을 하다 보면 세상에 할 일이 참 많다는 걸 새삼 깨닫는다. 그냥 가만히 있으면 할 일도 그만큼 없어진다.

고객이 도와달라고 할 때 'No'라고 하지 않고 내가 가지고 있는 네트워크를 활용해서 해답을 찾으면 된다. 정글에도 반드시 해답은 있다.

그렇게 도와주면 이것이 또 내 네트워크가 되고 내 자산이 되고 내 힘이 되는 것이다.

지금 K전무는 업체 부대표로 승진하였고, ○○○신용평가회사 ○○팀장과는 믿을 수 있고 서로 상생할 수 있는 좋은 인연이 되었다.

16

단어는 고객이
쉽게 이해할 수 있도록 사용해라

마케팅할 때는 내가 말하는 언어가 있고 상대가 이해하는 언어가 있다.
고객 눈높이에 맞춰 설명해야 원만하게 소통할 수 있게 된다.

지점마다 법인 영업한다고 팸플릿을 만들어놓은 것이 있다.

거기 보면 우리 신용등급이 어쩌고, 우리 자산이 어쩌고, 뭐가 어쩌고 이런 식으로 되어 있다.

그런데 일반인들은 이걸 봐도 무슨 뜻인지 잘 모른다.

"수협은행 아세요?"라고 물어봐도 "새마을금고랑 다른 건가요?" 이렇게 대답한다. 거기에 대고 우리는 뭐 신용등급이 어떻고 무디스가 어떻고 해봤자 그냥 딴 나라 얘기하는 줄 안다. 물론 알아듣는 사람도 10~20% 정도는 있다.

그렇다면 일반인들이 좀 더 쉽게 이해할 수 있도록 설명해야 하지 않을까?

나는 보통 일반인 고객과 만날 때 다음처럼 설명한다.

"고객님, 우리 수협은 진짜 튼튼해요."

"뭐가 튼튼한데요?"

"혹시 고객님, 군대 갔다 왔어요? 군대에서 을지훈련 하잖아요. 시중은행은 안 하지만 수협/농협은 을지훈련에 참여하는 기관이에요. 또 을지훈련 하게 되면 우리 본사에 일개 중대가 와서 지켜요. 장갑차도 와요."

"왜요?"

"전쟁이 일어나면 수산물은 비축 식량이잖아요. 먹거리잖아요. 전쟁 나도 먹어야 할 거 아니에요. 어선이 또 수만 척 있어요. 이게 다 전쟁물자예요. 전쟁 나면 물자를 날라야 할 거 아닙니까. 그거 하려면 누가 해요? 바로 우리 수협에서 관리하는 거잖아요."

"아, 맞네. 새마을금고나 신협하고 비슷한 줄 알았는데 완전 다른데요."

"고객님, 수협은 정부가 어떻게 관리하는지 아세요?"

"모르겠는데요."

"안기부라고 아시죠? 우리는 안기부도 한 명 파견 나와 있고, 기무사도 한 명 파견 나와 있고, 그다음에 두 군데 경찰서에서도 전담 직원이 배치돼 있어요. 전쟁 나면 중요하잖아요. 그리고 여기 농민이랑 어민 민심의 표가 굉장히 중요한 거거든요."

"오, 그러네요. 근데 진짜 국정원에서도 나와 있어요?"

"그렇다니까요. 요즘은요 국정원 직원이 나와서 밥을 사줘요. 옛날에는 정부 청사가 과천에 있었잖아요. 과천에 있을 때는 해수부 직원이 왔다 갔다 하고 수산 단체들이 많이 있으니까 만날 사람들이 많이 있었는데, 지금은 정부 청사가 저기 세종시로 내려가는 바람에 서울에서 수산 관련인은 우리 수협밖에 없어요. 그래서 밥을 사주는 거예요."

"하, 그렇구나."

"엊그저께는 정부예산 하는데요. 우리가 1년에 예산 3천억씩 쓰고 있거든요. 그 때문에 우리는 맨날 감사원 감사받아요. 감사원 감사는 돈 쓰는 데만 받는 거예요. 또 박근혜 정부 때는 박근혜 대통령이 5천억 사인해서 지금도 5천억 받았어요."

"우와, 그래서 수협이 튼튼한 거군요."

"그런데요, 우리는 주식회사 아니고 비영리 단체예요."

"어? 주식회사가 아니에요?"

"아니에요. 우린 조합원 것도 아니고 청산하면 다 정부 거예요. 정부에서 우리 돈 주잖아요."

"아, 그럼 절대 망할 일은 없겠네요!"

"우리 수협은행이 또 좋은 게 있어요. 금리를 많이 줘요. 그러니까 망하지도 않고 금리도 많이 주니 좋잖아요. 그리고 이건 중요한 건데요. 돈 많은 사람들 다 상속하잖아요. 상속할 때 수협은행에서 하면 좋은 게 진짜 많아요."

"그렇게 좋은 게 있으면 저도 좀 알려줘요."

"당연히 알려드려야죠. 고객님, 우리 수협에 한번 발을 담가놓으면 여신할 때 심사관 승인받기도 쉬워요. 나중에 상속할 때도 엄청 유리해요. 그러니 이왕이면 무지개 빛깔로 발을 담가놓으세요. 뭐 하러 굳이 예금은 시중은행에 넣어놓고 여기다가 대출해 달라고 해요? 우리한테 갖다 놓으면 그게 다 자기신용도 올라가고 대출도 쉽게 되는 건데. 안 그래요?

"맞아요, 맞아요! 이참에 확실하게 발 담가 놓을게요."

자, 어떤가. 이렇게 고객에게 재밌고 알아듣기 쉽게 설명했더니 바로 우리 고객이 되지 않는가. 눈높이 영업의 좋은 예다. 고객한테도 좋고 내 실적도 채우고 일거양득이다.

이렇게 하면 될 것을 괜히 어려운 전문용어 나열해 봤자 입만 아플 것이다.

일반 고객은 수협에 대해 잘 모르니 처음에는 이런 식으로 쉽게 설명해 주어야지, 지점장이 거기서 폼 안 나게 예·적금 들어주고 카드 만들고 펀드도 하라고 하면 그게 먹히겠는가.

이렇듯 마케팅할 때는 내가 말하는 언어가 있고 상대가 이해하는 언어가 있음을 빨리 깨닫고, 고객이 이해하기 쉽게 말하는 것이 중요하다.

17. ─────────────────────────────

본점상황, 금융시장, 정부정책 등을 예측하고 준비하라

본점 상황, 금융시장, 정부 정책 등을 잘 파악하고 있다가
이 타이밍에는 뭐가 잘 먹힐지 생각하라.
정부가 부동산을 막을 때는 오히려 부동산 쪽 영업을 하기 좋다.
위기가 우리에게는 곧 기회가 될 수 있는 것이다.

───

어떤 마케팅을 하든 마찬가지일 것이다.

은행의 경우에는 본사 생각, 그다음에 금융시장 생각, 정부
정책들을 잘 이해하여 그걸 활용할 줄 알아야 한다.

요즘 그렇지 않아도 가계대출 총량 규제 때문에 사방에서
난리다. 아파트 분양받은 사람들이 잔금대출을 해야 하는데
총량제로 다 막아놨기 때문이다.

중도금대출도 막아놨다. 건설사는 먼저 분양하고 중도금 대
출해서 공사비를 충당한다. 이 때문에 건설사도 죽을 맛이다.

그다음에 시중은행들이 어떻게 돌아가는지도 알아야 한다.
정부가 올해부터 저축은행, 새마을금고 등 2금융 쪽 부동산
대출을 총 포트폴리오의 30%, 50%만 허용했다.

이런 관련 사업을 하는 사람들이 많은데 대출길이 다 막혀 어렵게 되어버린 것이다.

얼마 전 ○○건설에 갔다. 거기서 마케팅할 때 내가 말했다.

"나한테 잘하세요. 발 담그세요. 그것도 무지개 빛깔로 담 그세요. 그래야 내가 본사 가서 설득력 있게 ○○건설이 우리 충성 고객이고 핵심 고객이라면서 딜을 해주지 않겠습니까."

지금 건축하는 사람들도 힘들다. 내가 그쪽 시장에 가면 "구세주 오셨네" 한다. 이럴 때 도와주면 그 사람들도 평생 안 잊는다.

고객이 오기만 기다리면 안 된다. 고객은 내가 찾아가는 것 이다.

본점 상황도 잘 파악하고 있어야 한다.

본점은 대출한도를 쪼였다 풀어났다 쪼였다 풀어났다 한다.

은행에서도 사업계획을 짜는데 연말로 가면 갈수록 한도가 다 찬다. 그래서 보통 연말이 되면 지점장들은 더 이상 대출영 업을 자제하거나 안 한다.

이때가 기회다. 수협은행 내 다른 지점장들이 영업 안 할 때 고객들을 찾아가서 컨설팅해 주는 것이다. 이렇게 하면 많은 네트워크를 만들 수 있다.

남들이 잘나갈 때는 가봐야 문전박대당한다. 고객이 어려울 때 가야 한다.

마케팅을 잘하려면 이런 상황 상황들을 전부 예측하고 있어야 한다.

정부가 뭘 하는지 잘 보고 있다가 이 타이밍에는 뭐가 잘 먹힐지 생각하라.

대출 영업을 할 때가 있고 예금 영업할 때가 따로 있는 것이다. 이 중 뭐가 잘 될 것인지, 이런 핵심들을 잘 파악하고 있어야 한다.

정부가 부동산을 막을 때는 오히려 부동산 쪽이 굉장히 영업하기 좋다.

정부에서는 은행권도 다양하게 대출규제를 하고 있다. 1금융권에만 규제하는 게 있고 2금융권에 규제하는 게 있고 3금융권을 규제하는 게 있으며 대부업체를 규제하는 것도 있다.

하루가 멀다 하고 각종 규제가 계속 쏟아져 나오므로 이런 규제들까지 모두 이해하고 있어야 한다. 이런 것도 모르고 마케팅하면 남들이 웃는다.

즉 본점상황, 금융시장, 정부정책을 다 꿰뚫고 있는 것이 마케팅의 기본이다.

이뿐 아니라 다른 은행들은 어떻게 하는지 뭘 하는지도 다 알고 있어야 한다.

그래야만 내가 필요한 것들을 적재적소에 팍팍 꽂아 넣어 성공적인 마케팅을 할 수 있는 것이다.

〈본사 상황 파악〉

→ 여신 장려: 그냥 하면 됨
→ 여신 긴축: 본사 컨설팅 받을 것

* 컨설팅 대상
: 심사부/대출담당부서/기획부/리스크관리부

→ 답에 대한 가이드를 줌
→ 가이드와 명분이 일치하는지 확인
→ 심사 승인 접수
→ 100% 승인

시장을 읽고
마케팅 기회(이익증대)를 찾아라

국내외적으로 어려운 상황 속에서도 시장을 읽고 마케팅 기회를 찾아내면
금융기관과 고객 모두 윈윈 할 수 있다.

2022년 하반기 미국이 기준금리를 급격히 올렸다.

한국도 기준금리를 올리지 않을 경우, 달러의 급격한 해외
이탈이 예상됨에 따라 환율 및 자본시장 안정성을 도모하고자
기준금리를 급격히 올렸다.

이에 따라 국내 금융시장의 불안정성이 빠르게 증가하였고,
부동산 PF 등의 자금조달이 어려워지고 부도 가능성이 제기
됨에 따라 금융시장도 급격히 위축되었다.

금융시장이 불안한 경우 은행 이익을 증대하기는 매우 어
렵다.

대출은 좋은 것(초우량고객)과 나쁜 것(초부실고객)으로 이분화된
다. 중간이 없다.

중간이 없다는 것은 다양한 금융기법을 통해 고객의 니즈를 충족하고 좋은 사업장으로 만들면서 금융기관이 고객과 함께 공유할 수 있는 이익을 극대화할 수 있는 기회가 없다는 것이다. 그래서 이러한 시기에는 누구나 어렵다고 말한다.

2022년 하반기 미국 기준금리의 급격한 인상으로 수협은행도 거액대출은 차단했다. 대기업대출도 제한했다. 소액여신만 취급이 가능한 상태이다.

소액대출도 대출금리 인상 등으로 DSR, RTI를 맞추기 어렵다 보니 이 또한 녹녹지 않은 상황이 되었다. 즉 대출이 증대해야 은행 이익이 늘어나는데 대출을 늘릴 수 없다 보니 이익증대가 어렵다는 것이다.

하지만 이러한 시기에도 기회는 늘 우리 곁에 있다. 우리가 부지불식간에 놓치고 있는 다양한 시장기회가 있다는 것을 깨달아야 한다. 기회를 잘 포착해야 한다.

2022년 9월 말부터 ○○○업체와 직원 간에 잦은 언쟁이 있었다. 내용은 이랬다.

○○○시행사가 취급했던 지식산업센터가 준공되었지만 몇몇 수분양자들이 계약을 포기함에 따라 우리 지점 중도금대출의 원금연체가 발생되었다.

우리 지점 직원은 ○○○업체에 수분양자의 중도금대출 시

시행사가 연대보증 했으니 대위변제 해줄 것을 요청했으나, ○○○업체는 계약 포기한 수분양자에게 최소한 신용불량자 등록이 될 때까지 대위변제를 해줄 수 없다고 했다.

또한 몇몇 수분양자들은 임차인을 구할 때까지 중도금대출을 연장해 줄 것을 요청하고 있어 ○○○업체는 이에 협조해 줄 것을 요청하였다.

그러나 수협은행 본사는 연체 발생에 대해 매우 민감한 상태였고, 부동산 PF대출 부도 가능성 등으로 ○○○업체의 중도금대출 연장에 대해서 부정적 입장이었다.

그래서 ○○○업체가 수협은행에 뭐 도와줄 것이 없는지 확인해 보라 했고, 확인 결과 ○○○업체는 자금이 400억 원 정도 있지만 2022년 10월 말에 전액 국세 등을 납부해야 하기 때문에 수협은행에 예치할 여유가 없다는 회신이 왔다.

보통 이런 경우 마케팅 기회가 없다면서 포기했을 것이다. 하지만 나는 기회를 만들 생각을 해보았다.

신용카드로 국세를 납부하면 최소 0.8% 이내에서 카드 수수료를 받을 수 있다.

이러한 거래는 2022년 상반기라면 생각조차 못 했을 것이다. 왜냐하면 고객이 국세를 납부할 현금을 전액 가지고 있는데 굳이 은행에 수수료를 내면서 신용카드로 납부할 이유가 없기 때문이다. 하지만 고객도 추가 부담금 없이 은행도 이익이 발생할 수 있으니, 서로 윈윈 할 수 있는 대안이 될 수 있다.

바로 이 점을 강조하여 고객을 설득하면 어떨까!

즉 고객이 신용카드로 국세를 납부해서 은행은 이익을 취하고, 수협은행은 ○○○업체의 요청대로 중도금 연장 등에 협조하는 것을 구상해 볼 수 있었다.

왜 이런 거래가 가능할까? 그 이유는 1개월짜리 정기예금 이자가 신용카드 수수료를 상쇄할 만큼 많이 올랐기 때문이다. 즉 400억 원을 신용카드로 납부하면서 0.3%를 수수료로 계산할 경우, 1억 2천만 원의 이익이 발생하는 것이다.

이후 ○○○업체로부터 이번 거래에 대해 자신들이 추가 부담하는 것만 없으면 협조하겠다는 연락을 받았다. 하지만 내부 반대에 부딪혔다. 그 이유는 다음과 같았다.

첫 번째, 신용카드 수수료를 0.8%에서 0.3%로 0.5% 리워드(보상)가 가능한가?

두 번째, 신용카드 결제일에 0.5% 리워드가 가능한가?

세 번째, 신용카드 사업부 등의 협조가 가능한가?

누구나 처음 하는 일은 어렵다는 것은 인정한다. 하지만 시도조차 하지 않고 안 된다고 반대하는 것은 마케팅 현장에서 있어서는 안 될 일이다.

그래서 나는 이러한 거래를 2016년에 비슷한 규모로 해본 경험이 있다고 했고, 본사 협조도 내가 직접 전화해서 얻을 테니 실무적으로 처리를 부탁했다.

결과는 내 예상대로 처리되었고 성과점수가 1,000점 만점에 150점 상승하는 결과를 가져왔다. 이를 통해 직원들도 하면 된다는 성취감을 많이 느꼈다고 했다.

국내외적으로 어려운 상황 속에서도 시장을 읽고 마케팅 기회를 찾아내면, 이러한 종류의 이익을 얼마든지 증대를 할 수 있고 금융기관과 고객 모두 원윈 할 수 있는 것이다.

PART 2

직원 관리
Staff
management

"나는 재직 중 일과의 40%를 회사의 핵심가치와 믿음에 대해
직원들과 의사소통하는 데 할애했다.
그만큼 커뮤니케이션은 중요하다.
그중에서 가장 중요한 것은 경청이다."

– **짐 버크**(Johnson & Johnson 전 CEO) –

"회사의 가치는
직원들에 의해 결정된다."

– **메리 케이 애쉬**(Mary Kay Cosmetics 설립자) –

"훌륭한 지도자는 직원들의 자존심을 부추기기 위해 열심이어야 한다.
자신에 대한 믿음을 가진 사람들이 성취할 수 있는 것은 엄청나다."

– **샘 월턴**(Walmart 설립자) –

"고객을 행복하게 만들기 위해서는

먼저 직원들이 행복해야 한다."

– **토니 쉐이**(Zappos CEO) –

"좋은 조직문화를 만들기 위한 마술 같은 성공방식은 없다.

그저 자신이 대우받고 싶은 대로 구성원들을 대우해 주면 된다."

– **리처드 브랜슨**(Virgin Group 설립자) –

"기업의 조직 구조가 수평적일수록

직원들이 나쁜 소식을 전하고 그것을 대처할 확률이 높아진다."

– **빌 게이츠**(Microsoft 설립자) –

01.

동전에는 앞면과 뒷면 및 옆면도 있다

우리는 흔히 동전의 앞뒷면을 얘기한다.
나는 옆면도 중요하게 생각한다.
어떤 면을 이해하느냐에 따라 가치가 달라질 수 있기 때문이다.

은행원이라면 항상 자신이 어떤 식으로 고객을 대하고 있는지 점검해 볼 필요가 있다.

여러분은 어떤가? 고객이 필요로 하는 것에 어느 정도 부응해 주고 있는가.

대출이 필요한 고객이 창구로 와 담당자에게 묻는다.

"○○대출 받고 싶은데요?"

직원들을 지켜본 바에 의하면 대부분이 다음과 같이 대답한다.

"우리하고 조건이 안 맞아 안 됩니다."

그것도 단답형으로 즉답을 하고 만다. 그리고 그것으로 끝이다.

이는 고객에게는 물론이고 자기 자신에게도 마이너스이다.

고객이 은행까지 찾아온다는 얘기는 자신한테 또 하나의 인연의 끈이 생긴 것이다.

그런데 그 소중한 인연의 끈을 스스로 싹둑 잘라버린 것과 다름없지 않은가.

여기서 바로 직원의 능력 차이가 검증된다.

압구정지점에 근무할 때다.

한 고객이 빌딩 매입자금으로 100억짜리 대출을 해달라고 하였다. 매입하려는 빌딩도 괜찮았고 수익률도 굉장히 좋아서 이 정도면 가능할 것 같아서 OK 했다.

이 고객은 일본에서 법인을 만들어 화장품 사업을 하며 돈을 많이 벌었는데, 자기 이익금이 한 100억 정도 되었다. 이 돈을 국내로 갖고 오게 되면 이익금은 세금을 내야 해서 대신 차입금 명목으로 국내에 갖고 왔다.

그런데 이것이 문제였다. 재무제표에 이 차입금이 올라가 버린 것이다.

자본금 규모는 작은데 해외에서 가져온 자금 즉 차입금까지 부채로 잡히니 부채 비율이 높을 수밖에 없고, 당연히 본사 심사부에서는 차입금 과다로 대출을 거절했다.

내가 심사부로 달려가 아무리 설득해도 소용이 없었다.

고객은 내가 OK 해서 일을 진행한 것인데, 심사부에서는 차입금이라는 이유 하나만으로 안 된다고 하니 정말 큰일이 나도 크게 난 것이다.

일이 더 꼬이기 전에 어떤 식으로든 풀어야 했다. 그러기 위해선 대안이 필요했다.

본사에서 안 된다고 해서 나까지 포기하면 고객에게 폐를 끼치는 것은 물론이고 내 이력에도 오점이 남는다.

그렇다면 어떻게 풀 것인가?

나는 늘 일이 실패할 때를 대비해 여러 가지 대안들을 마련해 둔다. 최선책과 차선책, 차차선책까지.

우리는 흔히 동전의 앞뒷면을 얘기한다. 나는 옆면도 중요하게 생각한다. 어떻게 쓰느냐에 따라 가치가 달라질 수 있기 때문이다.

그때 내가 찾아낸 대안은 수협은행 혼자서는 곤란하지만, 고객의 장점을 충분히 어필한다면 해결책을 만들 수 있으리라는 것이었다.

그래서 먼저 고객의 장점을 찾아보았다.

· 이번에 매수한 빌딩이 수도권에 위치하고 있어 강남보다 수익
  률이 월등히 좋았다. (이자를 내고도 수익이 많이 남았다.)
· 해외에서 가져온 자금이 재무제표에 차입금으로 잡혀 있더라

도 그동안 관련 이자가 거의 발생하지 않았다.

· 기 보유빌딩의 차입금이 크지 않다.

· 수협은행도 지점장 전결 한도 내에서 나누어 대출한다.

이렇게 고객의 장점을 정리한 후 이를 통해 같이할 은행을 찾아보았다.

그 결과 우리 수협은행과 나누어 대출이 가능한 다른 은행을 찾아냈고, ○○농협에서 대출해 줄 수 있다고 했다.

이 와중에 담보신탁은 수협은행으로 처리했다. 담보신탁은 근저당 설정비용보다 저렴하여 대출 취급하는 ○○농협도 이득이 될 수 있다. 수협은행도 담보신탁 수수료를 수취할 수 있으니 고객도, 수협은행도, ○○농협도 원원 할 수 있는 것이다.

만약 내가 이런 고객의 장점을 발견하지 못했다면 어떻게 되었겠는가?

고객은 분명 "계약금 건 것 다 너희가 변상해라. 너희가 책임겨라!" 하며 난리 쳤을 것이다.

우리 은행과 조건이 맞지 않는다고 쉽게 거절하면 어떤 고객도 다시 찾아오지 않는다.

고객의 장점을 한 번 더 생각한다면 답은 어딘가에 다 있다. 답을 찾아 해결해 줄 생각부터 해야 한다.

우리 은행이 안 되면 다른 은행, 다른 은행도 안 되면 또 다른 은행… 이런 식으로 여러 가지 대안을 만들어 고객에게 제시하면, 노력과 정성에 감동하여 그 고객은 평생 고객이 될 것이다.

더욱이 누군가가 소개해 줘 찾아온 고객에게 이런 모습을 보인다면 고객은 물론이고 소개해 준 사람도 만족시킬 수 있고, 그렇게 되면 그것이 또 인연이 되어 더 많은 고객을 만들어 감과 동시에 마케팅 실력도 자연적으로 늘게 될 것이다.

그러므로 동전에는 앞뒷면만 있는 것이 아니라 옆면도 있음을 기억하고, 항상 실패할 때를 염두에 두고 여러 가지 대안을 만들어 놓아야 한다.

총알을 아껴라

급여는 신성한 것이므로
가족과 나를 위해 사용해야 한다.

수협은행은 2016년 수협중앙회에서 분리해 주식회사로 전환하는 사업구조 개편을 했다.

정부로부터 5천억을 지원하는 전제조건으로 "수협 자체적으로 자구노력을 해야 한다"라는 권고를 받았다. 내가 팀장으로서 사업구조 개편 전체 총괄을 맡고 있을 때였다.

그렇다면 자구노력은 어떻게 해야 하나?

우선 임직원 출자로 가닥을 잡고 안을 만들기로 했다. 그래서 매일같이 직원들한테 임직원 출자에 관해 설명하고, 다음과 같이 설득했다.

"우리가 어쨌든 이 조직에서 월급 받아먹고 살려면 임직원 출자해서 정부지원금을 받아야 한다. 그래야 우리의 경쟁력을 더 키울 수 있다."

실제로 수협은행은 정부로부터 자본금 5천억 받고 자산이 20조에서 50조로 확 늘었다. 현재 우리 직원들 대부분이 1천만 원 이상 우선주 형태로 출자가 돼 있다. 출자한 우선주는 퇴직할 때 반환을 해주는 조건이었다.

그래서 그 조건에 맞게 안을 만든 후 행장님을 찾아가서 말씀드렸다.

"행장님이 솔선수범해서 매월 ○○○만 원 정도 급여 중 일부를 출자하셨으면 좋겠습니다."

그런데 내 얘기가 끝나자마자 행장님이 불같이 화를 내셨다.

"내 월급은 신성한 건데, 네까짓 게 뭔데… 이 신성한 걸 왜 네 맘대로 출자하라 마라 해."

은행원들은 급여 중 일부가 영업할 때 많이 들어간다. 그러나 영업한다고 급여 일부를 쓰는 것은 절대 안 된다고 생각한다. 다시 말해 총알을 아끼라는 것이다.

행장님도 말씀하셨듯이 급여는 신성한 것이기 때문에 내 가족, 나 자신을 위해 쓰는 것이고 마케팅할 때는 절대 쓰지 않아야 한다. 만약 불가피하게 쓸 경우라면 최소한으로 아껴 써야 한다.

자신이 이 조직에 언제까지 있을지는 아무도 모른다. 그러니 급여는 나를 위해 쓰고 마케팅 비용은 최대한 회사 비용으로 써야 한다. 즉 법인카드를 써라. 그래야만 내 가족이 산다. 가족이 편안해야 내가 일도 잘할 수 있고 롱런 할 수 있는 것이다.

사실 마케팅하다가 무리하는 사람도 많이 봤다. 절대 무리하면 안 된다.

마케팅할 때는 100이 있으면 100 다 넣지 말고 3·3·3의 비율을 유지하는 것이 좋다. 마케팅 30, 자기관리 30, 내부관리 30, 기타 10이 딱 좋다. 이렇게 나누어 놓아야 현명한 것이다.

마케팅에 올인 한다고 다 잘되는 것도 아니다. 그걸 모르고 마케팅한다고 인생의 모든 것을 다 갖다 쏟아부으면 십중팔구 결과가 안 좋다.

또한 총알을 아끼라는 것은 금전적인 의미도 있지만 육체적인 의미도 있다.

2009년쯤으로 기억한다. 본사에서 보고서 작성 등으로 매일 야근하다 보니 스트레스가 너무 많이 쌓이게 되었고, 혼자 생각에 이렇게 살다가는 제 명을 다 못 살 것 같았다.

그때 처음으로 경기도 하남시에 있는 검단산에 올라간 적이 있다. 산에 오른 것이 꽤 오랜만이었다. 정상 높이가 해발

700미터, 산 정상까지 도보로 약 3킬로미터 정도인 산을 오르는데 300~500미터 사이마다 숨을 고르면서 겨우 올랐던 기억이 있다.

전에는 더 높은 산을 올라도 가뿐했었기에 충격 아닌 충격이었다. 이후 스스로 '검단산을 한 번에 올라가고 말 거야!' 결심한 끝에 매주 산에 올라갔고, 숨이 차오르는 것이 복부부터 가슴, 머리끝까지 느껴질 때까지 약 6개월이 소요되었다.

그때 비로소 깨달았다. 나이 40세까지는 부모님이 주신 육체에 따라 건강한 삶을 유지할 수 있지만 40세 이후에는 건강관리를 어떻게 하느냐에 따라 인생 후반부 삶이 달라질 수 있다는 것을 말이다.

건강도 잘 챙겨야 한다. 내가 건강해야 조직도 있고 마케팅도 할 수 있기 때문이다. 따라서 건강관리도 3:3:3 법칙을 유지해야 함을 잊지 않아야 한다.

03. ───────────────────────────────

신용대출은 절대 또는
될 수 있으면 하지 마라

담보대출도 할 것이 넘쳐나는데
위험을 감수하면서 신용대출을 할 필요는 없다.

─────────────────────────────────────

신용대출을 할까 말까는 늘 고민거리다. 이것은 비단 금융업에 종사하는 사람만 하는 생각이 아니다.

소주, 맥주 등 주류 영업을 하는 경우에도 현금이 아닌 외상 매출을 깔아놓는 사람들이 있다. 외상 매출도 영업이다.

수협은행도 대출을 늘려 매출을 증대해야 하지만 수협중앙회 경제사업 쪽에서는 수산물을 많이 팔아야 한다.

그럼 누가 팔까? 중매인들이 판다. 중매인들이 신용으로 파는 것이다.

도소매업 하는 사람들이 다 그렇다. 매출은 늘려야 되고 경쟁은 심하고, 그럴 때 남들과 차별화하기 위해 "내가 신용으로 줄게" 하게 된다. 근데 그게 다 막판에는 100% 떼일 수 있는 것이다. 은행의 신용대출도 이와 같다.

나는 본사에서 영업점으로 나가기 전인 2014년에 금융연구원 예비경영자 과정에서 6개월 동안 연수한 후 부지점장 발령을 받았다.

그때 당시 연수원 인원은 거의 60명 됐는데 60명 중 내가 제일 젊었다. 그곳에서 외환은행, 대구은행, 부산은행 등등의 사람들과 사귀었고, 그중 한 명이 외환은행 지점장이었다.

내가 서울 중구 다동 청사에 부지점장으로 있을 때였다. 수협은행과 가까운 거리에 있는 외환은행 지점장 형님이 나를 만나러 왔다. 차 한잔 마시려고 하는데 형님에게 전화가 걸려왔다. 내 사무실에서 그 형님은 한참 통화를 하더니 끊자마자 내게 말했다.

"이거 미친놈일세. 지금 때가 어느 때인데 무슨 신용대출을 1억이나 해달라고 해. 미친 거 아냐?"

당시만 해도 나는 영업의 '1'도 모르는 상황이었지만 형님 말이 정답이라는 생각이 들었다.

이후 나는 직원들한테 신용대출은 절대 하지 말라고 얘기한다. 지금 담보대출 할 것도 널려 있고 정부 규제로 가계대출이 안 돼서 난리인데, 신용대출을 대체 왜 하는가?

신용대출은 잘못되면 직원들 문책받고 변상받고 직장생활에 큰 문제가 된다. 옛날에는 수협은행도 부실에 따른 변상을 정말 많이 했다. 지점장 평가에서도 엄청 안 좋다.

내 경우 대출해 준 건 한 8, 9천억 되는데 손실 난 건 1억도 안 된다. 실제 1금융권 쪽에서는 대출도 손실이 잘 안 난다.

그런데 신용대출은 언제 어떻게 망가질지 모른다. 굳이 이런 리스크를 안고 신용대출을 할 필요가 없는 것이다.

내가 좋아하는 후배가 있다. 후배도 나처럼 부지점장으로 나왔는데, 어느 날 나를 찾아와 근심 어린 얼굴로 말했다.

"선배님, 우리 지점장이 10억짜리 신용대출을 주면서 검토하라고 하네요. 저, 어떻게 해요?"

후배 얘기를 듣는 순간 화가 치밀어 올랐다. 아니, 10억짜리 신용대출이면 지점장인 자기가 해야지, 왜 부지점장을 시키는가.

"그거 절대 하지 마. 잘못했다가 부실 나면 그대로 죽어. 1억짜리도 아니고 10억짜리면 완전히 은행 생활 박살 나는 거야. 네 인생 종 친다고! 그니까 절대 하지 마."

후배한테 진심으로 조언했듯이, 조직에서 부지점장으로 내보내자마자 10억 손실을 내게 되면 그냥 매장되는 것이다.

이런 케이스는 브로커가 던질 수도 있고 지점장이 던질 수도 있다. 특히 사기꾼들은 초임 지점장들을 선호해서 일거리를 만들어 준다는 얘기도 있다. 초임 지점장들은 실적을 올려야 되니까 신용대출이든 뭐든 막 달려들기 때문이다.

선배 지점장이라면 으레 부하 직원에게 똑바로 된 것 즉 담보대출 연체 안 될 것, 상환 안 될 것 등등 실적이 안정적으로 갈 수 있는 걸 주는 것이 마땅하다. 이런 리스크가 높은 신용대출은 가르치는 입장에 있는 선배라면 후배에게 줘선 안 된다. 더욱이 마케팅 초반에는 건들면 안 된다.

후배에게 한 번 더 신신당부하면서 내가 덧붙였다.

"절대 하면 안 돼. 차라리 내가 담보대출 할 걸 밀어줄게!"

조직에서도 신용대출 하라는 것이 있다. 서민금융 대출이다. 국가 차원에서 저신용자들에게 베풀어 주라는 것이다. 은행이 돈 많이 버니 그 번 돈의 일부는 저신용자들에게 혜택을 주라는 얘기다. 이런 신용대출은 취급자에 페널티가 적지만 그럼에도 충분히 숙고해야 하는 것이다.

요즘이 어떤 시대인가. 공사장에서도 임금체불을 우려해 돈 먼저 안 주면 아예 일을 안 한다.

공사 업체도 안 하는 마당에 하물며 은행에서 외상매출과 다름없는 신용대출을 왜 한단 말인가? 절대 안 될 일이다.

04.
어려울 때 도와주라

내가 어려울 때 밥 한 끼 사준 상사를 평생 고마워하듯이,
후배나 고객이 어려울 때 도와주면 평생의 은인으로 기억된다.

은행직원이라고 해서 은행업무만 하는 것은 아니다.

나는 채권관리를 한 7년 했고, 기획부에서 재무관리 등을
12년 했다. 영업점에 있긴 했지만 채권관리 일만 했으니까 후
선관리만 한 셈이고 영업이라는 건 해본 경험이 없다.

채권관리에서는 대부분 부실 차주들만 만나게 된다. 본사
근무 때는 기재부, 금감원, 금융위, 국회 사람들을 주로 만나
는데 그 사람들은 은행의 영업 대상이 아니다. 영업이 되더라
도 극히 제한된다.

그러다가 영업점으로 처음 나왔을 때 달랑 부지점장 명함
하나 파주고 영업하라고 했다. 은행 영업의 영 자도 몰랐던 나
로서는 주변에 도움 주는 사람 하나 없어서 더 막막하고 어려
웠다.

하지만 조직 사람들은 그렇게 생각 안 했다. 은행 생활을

20년 이상 했으면 후배들이 지켜볼 것 아닌가. 당연히 다들 내가 잘하리라 생각했다.

그런데 안 그랬다. 인생은 직접 겪어야만 알 수 있는 것이다. 처음부터 뛰어가는 사람은 없다. 영업의 초짜인 나도 마찬가지였다. 뛰기는커녕 제대로 걷는 것조차 쉽지 않았다.

그렇게 길을 헤매며 어려웠던 시절, 내게 있어 유일한 즐거움이 무엇이었냐면 ○○주식이었다. 그때 ○○주식을 해서 이익이 많이 났었다. 부지점장 일은 힘들었지만 ○○주식으로 이익이 매일 늘어나니 그래도 마음의 위안이 되었다.

회사 생활이 안 좋을 때는 뭔가 위안이 되는 것이 있어야 한다. 위안은 긍정이 되고, 긍정은 희망이 된다. 비록 작은 것이라도 무언가에 위안받으면 가시덤불 우거진 정글 속에서도 끝까지 생존할 수 있으리라.

내게 그 무렵 또 한 가지 위안이 되어준 것은 내가 모시던 상사였다.

12년간의 본사 기획부 시절 같이 근무하던 분이었는데 그분이 한 달에 한 번씩 꼭 같이 식사하자고 전화를 주셨다. 그러고는 일부러 고급 식당으로 가서 1인당 5만 원짜리 밥을 사주셨다. 식사 자리에서도 서로 별다른 얘기는 안 했다. 그냥 밥만 먹었는데도 그렇게 감사할 수 없었다.

사이드에 처박혀 있으면 누구 하나 밥 먹자는 사람도 없다. 자리가 사람을 만든다고 세상 인심은 무섭다. 진짜 순식간에 사람들이 돌변하고 냉정해진다.

솔직히 회사를 다니는 동안은 동료고 뭐고 모두가 경쟁자다. 다른 사람이 잘못돼야 내가 올라갈 수 있다. 그래서 인생은 정글인 것이다.

이런 살벌한 정글 속에서 유일하게 내게 밥을 사주셨던 분이 지금의 ○○○ 분이다. 어려웠던 시절을 지나고 보니 더 고맙게 느껴진다.

그래서 내가 지금도 그분에게는 무척 잘한다. 다른 약속이 있어도 그분이 저녁 먹자고 하면 다 취소하고 1순위로 달려간다. 인생을 살아보니 내가 진짜 힘들 때 밥 한 끼 사주는 것이 엄청나게 힘이 된다는 것을 실제로 경험한 덕분이다.

그분에게 배워서 나도 지금은 후배들에게 그렇게 한다.

힘들어하는 후배에게 밥도 사주고 마케팅 비법에 대해서도 귀띔해 준다. 며칠 전에도 후배 한 명이 실적이 안 나온다고 괴로워하기에 차 한잔 마시면서 조언해 주었다.

"마케팅에서는 고객관리가 중요하지만, 그 못지않게 직원관리, 자기관리도 중요한 거 알지? 이게 3·3·3이야. 자기관리는 너 스스로 잘할 것이고, 섭외는 차차 나아지면 될 것이니, 일단 직원관리부터 잘해 봐."

"선배님, 그게 말처럼 쉽지 않아요."

"어렵게만 생각하지 말고, 직원들이 무슨 생각을 하고 있는지 동향을 파악하는 게 포인트야. 직원들과 같이해야만 네가 섭외를 못 해도 일정 부분 커버할 수 있잖아. 그런데 이것마저 포기하면 너는 시궁창으로 떨어질 수밖에 없는 거 아냐?!"

고개를 끄덕이는 후배를 보며 새로 부임한 지점에서의 직원 관리 경험담도 들려주었다.

"보통 은행 입구에 고객들 보라고 수협 금리가 적힌 입간판을 세워놓잖아. 근데 새 지점에 오니 입간판이 실내에 들어와 있는 거야. 그래서 팀장한테 물었어. '이걸 왜 밖에 세워놓지 않고 실내에 들여놨어요?' 그랬더니 팀장 대답이 뭔지 알아?"

"뭐랬는데요?"

"글쎄, 그 일을 누가 하느냐는 거야. 밖에 세워놓을 사람이 없어서 안에 그냥 두었다는 거야. 세상에, 이게 말이 되는 거냐? 내 참 기가 막혀서…."

"그래서 어떻게 했어요?"

"내가 부아가 치미는 걸 꾹 참고 '아니, 사람이 없긴 왜 없어요. 여기서 근무하는 로드매니저를 시키면 되잖아요. 팀장은 고급스러운 일을 해야 하니 이런 일들은 밑의 사람을 시키세요. 아침에 내놓고 저녁때 들여놓도록 로드매니저 매뉴얼에 넣어주면 간단히 해결될 일 아니에요?' 그랬더니 이번엔 굳이 그럴 필요가 있느냐고 되묻더라고."

"헐, 선배님. 속 좀 끓이셨겠어요."

"속이 끓어도 이럴 때는 상대가 이해할 수 있도록 차근차근 설명하는 수밖에 없어. 그래서 다시 말했지. '한번 밖을 내다봐요. 사람들이 걸어갈 때 어딜 보고 걸어요? 은행이 옆에 있어도 대부분 앞만 보고 가잖아요. 수협은행의 자랑인 금리를 입간판에 써놓은 이유가 뭐예요? 사람들이 보게 하려는 것 아녜요? 그래서 사람들이 조금이라도 더 잘 볼 수 있게 밖에 세워놓는 것인데 이걸 안에 들여놓으면 누가 보겠어요? 광고 효과가 하나도 없잖아요.'"

"선배님이 그렇게까지 말했으니 바로 시정됐겠네요?"

"어휴, 말도 마. 그 입간판이 안에서 밖으로 나오는 데 한 달 걸렸어, 한 달! 하긴 그전 지점이 6개월 걸린 것에 비하면 빠른 편이지, 뭐."

"정말요?"

"그렇다니까. 나도 한 달이 걸렸는데 너는 몇 개월 걸릴 것 같아? 그만큼 마케팅이라는 게, 직원관리라는 게 다 녹록지 않은 거야. 물론 내가 내놓을 수도 있어. 그런데 지점장은 더 중요한 일을 하고 다녀야지, 이런 일까지 신경 쓰면 되겠냐? 그런 건 직원들이 알아서 할 일이지. 안 그래?"

"맞아요, 선배님. 그런데 직원관리가 생각보다 정말 어려워요."

"나도 직원들 하는 걸 보면 성에 안 차. 그렇다고 직원들에게 뭐라 하면 꼰대 소리 듣고 갑질 얘기가 나와. 그러니 직원들한테 네가 직접 하지 말고 방법을 가르쳐 줘. 중간에 팀장들도 있고 부지점장도 있잖아. 그들을 통해서 A가 B를 움직일 수 있도록 해주는 거야. 시스템 조직이 그렇게 만들어진 것이 잖아. 그런 식으로 관리하고 네가 세세한 것까지 하나씩 찍어 주면 돼. 알겠지?"

"네, 선배님! 고맙습니다. 매번 도움 되는 얘기 해주시고, 많이 배웁니다."

며칠 전에도 예뻐하는 후배들 데리고 가서 밥 사주고 술 사주면서 비법도 테스트할 겸 마케팅에 관해 얘기해 주었다.

"○○야, 지점장으로 처음 나가서 뭔 얘기했냐? 너 분명 마케팅한다고 쫓아가서 밥 사줬지? 그래도 맨 간만 보고 너한테 하자는 사람은 한 명도 없었을 것 같은데."

"맞아 맞아, 어떻게 아세요?"

"어떻게 알긴, 나도 다 겪었던 일이야. 근데 6개월 근무 시간 금방 가. 막 밖으로만 다니면 언제 실적 올리냐? 그러다 잘려. 보직 해임된다고."

"그럼 어떻게 해요?"

"답은 멀리 있지 않아. 가까운 사람들을 통해 먼저 실적을 내고 차후에 시간을 쪼개 고객 포트폴리오를 만들어 가는 거야."

"하, 그렇군요. 어찌 보면 당연한 건데 선배님이 딱 집어 말해 주니 머리에 콕콕 박히네요."

후배가 경의에 찬 눈으로 나를 보며 연신 고개를 끄덕였다.

이 후배가 세상 물정 모르고 좌충우돌 막 밖으로만 다녔으면 1등을 못 했을 텐데 다행히 작년 하반기 평가에서 1등을 했다. 조금이나마 후배에게 도움이 된 것 같아 보람을 느꼈다.

마케팅을 하다 보면 고비마다 다 어려운 게 있다. 마케팅 잘한다고 해서 그 사람이 100% 다 잘할 수는 없다. 당연히 못하는 것도 있다. 그럼 그런 걸 짚어서 얘기해 줘야 한다.

"너한테 요즘 이상한 얘기가 들리던데, 갑질 얘기 말이야. 직원들에게 네가 하고 싶은 얘기 다 하는구나?"

"아, 아니에요."

"검은 머리 짐승 가르치는 게 아니고, 굳이 그렇게 하자면 팀 미팅 때 즐겁고 행복한 일들을 발표하게 해. 그 속에서 네가 찾아가는 거야. 직원들이 서로 이해해야만 널 따라오지, 네가 강제로 시킨다 해도 요즘 직원들은 따라오지 않아. 팀 미팅 때 먼저 행복한 일 얘기하고 이후 한 가지씩 자기가 마케팅했던 사례를 발표하라고 해. 그러면 자기들끼리 알아서 하더라고. 이런 식으로 끌고 나가야지, 요즘 직원들 가르치려 들면 안 돼."

나는 선배로서 얘기해 주고 방법을 가르쳐 주었을 뿐인데 어려울 때 내 얘기를 들은 후배들은 평생 나를 은인으로 생각한다.

어려울 때 도와주는 건 우리 고객도 마찬가지다.

돈 많아도 소용없다. 곳간에 금은보화가 넘쳐도 배고픈 사람은 영원히 배고프다.

그럴 땐 고객이 원하는 것을 도와주면 된다. 즉 진심으로 도와주는 것이 마케팅의 기본인 것이다. 진심은 마케팅에서도 통한다.

05

KPI는 6개월마다 바뀐다

KPI는 6개월마다 바뀌지만 걱정하지 말라.
평가 시 고점을 찍었다고 다음에 고점을 찍지 말라는 법이 없기 때문이다.

자랑인 것 같아 쑥스럽긴 하지만, 내가 의정부와 압구정지점에 있을 때 전국 5등 안에는 항상 들 만큼 실적이 무척 좋았다. 직원들과 함께 열심히 뛰어서 일궈낸 성과였다.

덕분에 부러움도 많이 사고 비법이 뭐냐는 질문도 많이 받았다.

이렇듯 조직 생활을 하면 늘 평가를 받게 된다. 그것이 직장인의 피할 수 없는 운명이다.

조직은 항상 우상향을 목표로 한다. 개인사업을 하지 않는이상 은행도 일반 업체도 마찬가지일 것이다.

이때 쓰는 것이 KPI(핵심성과지표)인데, KPI는 조직이나 조직이 관여하는 특정 활동의 성공을 평가하는 것이다.

그런데 이 KPI라는 것은 언제나 바뀐다. 수협은행은 예전

엔 1년마다 했는데 지금은 6개월마다 한 번씩 평가한다. 그러니 상·하반기마다 조직 성과 극대화를 위해 평가지표를 바꾸는 것이다.

간혹 어떤 지점장은 "KPI가 잘 나오면 다음에는 목표를 더 주는데 그땐 어떻게 해야 하느냐?"라고 묻는다.

KPI는 어차피 바뀔 것이고 어차피 바뀌면 다 똑같다는 것이 내 생각이다.

예를 들어 목표를 어떻게 주느냐면, 어떤 때는 6월 말에 잔액을 딱 끊어 그 잔액으로 해서 대출이 100억 있었으면 플러스 100억을 준다.

또 어떤 때는 6월 평잔을 기준으로 한다. 즉 6월 1일부터 6월 30일까지 만약에 대출이 이때 찍혔으면 100억이지만, 6월 1일자 평잔을 따지면 하루치만 들어가니까 실제는 10억밖에 안 된다.

이 경우 유불리가 있다. 나한테는 불리하지만 다른 사람한테 유리할 수도 있고, 반대로 나한테는 불리하지만 다른 사람한테 유리할 수 있다. 다시 말해 월초에 들어왔느냐, 월말에 들어왔느냐, 중간에 들어왔느냐에 따라서 유불리가 달라지는 것이다.

KPI는 시점에 따라 다르고 항목도 변동되고 다 바뀐다.

바로 이런 점 때문에 걱정하는 지점장들이 많은데 그럴 필요 없다고 생각한다. 평가 시 고점을 찍었다고 다음에 또 고점을 찍지 말라는 법이 없기 때문이다.

다만, 고객 니즈를 내 타이밍에 맞추는 노력 등으로 미리 대비하면 더욱 돋보일 것이다.

그렇지 않다면 그냥 가지고 있는 것을 하면 된다. 할 때 하면 된다. 열심히 노력하다 보면 내가 있던 의정부나 압구정지점처럼 6년 연속 전국 상위권에 들 수 있을 것이다.

06

비장의 카드는 항상 남겨두라

비장의 카드는 하나씩 남겨 놓았다가 필요할 때 꺼내 써야 한다.
직원들의 신뢰를 얻을 수 있고 영업성과도 극대화할 수 있다.

지점장들은 당연히 여러 고객을 많이 안다. 인연을 맺은 고객들에게 한결같이 진심으로 대하면 나를 도와줄 고객들도 많아지는 법이다.

그런데 어떤 일을 하든 항상 최선의 노력은 하되 백 프로 영업실적과 연결 지어 보여줄 필요는 없다. 여유분이 있어야 한다. 적당히 남겨놓아야 한다는 의미다.

거래하면서 A 만나고 B 만나고 C 만날 때 진심으로 고객의 니즈를 충족시켜 준다면 영업실적을 극대화할 수 있는 비장의 카드를 만들 수 있는 것이다.

조직에서는 항상 이번에는 무엇무엇 하라는 지시가 수시로 떨어지기 때문에 이런 카드를 안 만들어 놓으면 낭패를 보기 십상이다. 기존에 해놓은 건 필요 없다. 조직의 성과는 지시가 떨어졌을 때 그것에 맞춰 또 해내는 것이 중요하기 때문이다.

의정부 지점장 때 ○○○ 골프 모임의 ○○○ 회장님이 내게
는 이 비장의 카드였다.

상반기 결산 무렵이었다. 팀장이 내게 오더니 펀드 실적이
부족하다고 했다. 1억 정도 하면 KPI 평가에 도움이 될 테니
펀드 부족분을 메우면 좋겠다는 것이었다.

나는 바로 ○○○ 회장님한테 전화했다.

"회장님, 지금 우리 상반기 영업점 평가 때문에 그러는데 펀
드 1억만 해주시면 안 될까요?"

회장님이 딱 20초 생각하고 대답했다.

"그래, 알았어. 사무실로 와."

팀장과 둘이 회장님 방문차 가고 있는데, 팀장이 조심스럽
게 말을 꺼냈다.

"지점장님, 2억이면 더 좋을 것 같은데 안 될까요?"

나는 일단 알았다고 하고 가서 얘기해 본다고 했다. 사실 ○
○○ 회장님과 나는 형 동생처럼 지내는 사이다. 회장님과 만
나서 얘기를 꺼냈다.

"형님, 고마워요. 근데 저기, 하나 더 해야 하는데, 1억 아
니고 2억이면 좋겠는데….'

이때도 딱 10초 더 생각하더니 OK 하는 것이 아닌가.

사실 2억이 적다면 적지만 펀드의 특성상 리스크를 동반
하기 때문에 친하지 않으면 쉽지 않은 일이다. 어쨌든 ○○○
회장님 덕분에 평가도 잘 나왔고, 다행히 펀드도 연말쯤 평

가 이익이 많이 발생해서 민폐를 끼치지 않고 서로 윈윈할 수 있었다.

이 일 이후에는 우리 직원들이 경이로운 눈빛으로 나를 바라보았다. 내 말 한마디에 1억이 2억이 됨과 동시에 고객이 두말없이 도와주는 모습을 직접 목격했기 때문이다.

지점장 정도 되면 직원들이 보는 것도 있고 조직 내에서 보는 눈도 있으니 적절한 시기에 도와줄 고객이 필요하다. 그러니 항상 마지막 비장의 카드는 하나씩 꽂아놓고 있다가 필요할 때 쓰는 것이 좋다. 그러면 직원들도 감동하게 되고 평가도 당연히 잘 나온다.

내가 직원들에게 평소 "마케팅은 너희들이 해. 정 안 되면 나중에 내가 할게"라고 말하는 것에 신뢰가 생기고 나를 믿고 따라오게 되는 것이다.

직원들이 못했을 때는 내가 비장의 카드를 써서 딱 해내면 그때부터는 말을 할 필요도 없고 가르칠 필요도 없다.

글로벌 CEO의 긍정 메시지

· 기업을 굴러가게 하는 것은 자금이고 그 자금을 운용하는 것은 사람이다. 그러므로 기업의 진정한 자산은 사람이다.

· 인간은 석유와 비교도 되지 않는 무한한 자원이다.

· 시작하지 않으면서 결과를 기대하는 것은 욕심이다. 노력하지 않으면서 실패를 두려워한다면 비겁하다. 너무 늦은 성공은 스스로를 지치게 한다.

· 기업의 성패는 고정관념의 탈피와 인재에 달려 있다. 기업인의 가장 중요한 책무 중 하나는 인재 육성이다.

· 스피드는 군대나 기업을 막론하고 가장 기본이 되는 전략이다.

· 내가 기업을 하고 있지만 공장과 재산은 내 개인의 것이 아니고 국민의 것이다. 종업원의 발전이 회사의 발전이요 회사의 발전은 국가의 발전이다.

— **최종건**(SK그룹 창업주)

07

민원이 발생하면 먼저
아랫선(책임자)에서 끝내도록 한다

민원이 발생하면 최대한 책임자 선에서 해결해야 한다.
처음부터 지점장을 대면하면 금감원 또는
본부 민원으로 확대 재생산되기 때문이다.

은행도 경영하는 것이지만 지점도 축소된 경영으로 볼 수 있다. 그곳의 수장으로서 지점을 경영하다 보면 예상치 못한 여러 가지 일들이 발생한다.

의정부 시절 조그마한 건물을 짓는 한 고객이 있었다.

자기 예금을 본인이 아닌 부인 명의로 거래하고 있었다. 원래 정기예금은 본인 동의 받고 본인 사인을 받고 해야 한다. 어떤 사유인지는 모르겠지만 이 고객의 경우 부인의 동의하에 입출금 통장부터 정기예금까지 예금 모두를 부인 명의로 해놓은 것이다.

사실 크지 않은 예금 같은 건 창구에서 이루어지기 때문에 지점장은 알 수 없다.

그런데 남편 고객이 예금 중 일부를 해지했다. 부인이 바빠서 오기 힘들고 공사비는 줘야 하니 정기예금 일부를 해지해 달라고 했고, 은행 입장에서도 공사비 대출을 쓰고 있는 사업장이라 공사비를 안 줄 수도 없어서 창구 직원들이 편의를 봐준 것이다.

이 과정에서 문제가 터졌다. 본인의 동의가 없으면 이유가 어떻든 이 자체가 실명법 위반이기 때문이다.

예금이 10억이면 처음에 2억 정도를 일부 해지하여 공사비로 썼고, 나중에 2억 정도를 더 썼다. 그러다가 3억 정도를 다시 공사비로 쓴다고 해서 편의취급을 통해 인출해 줬는데, 알고 보니 이 3억을 공사비로 쓴 게 아니고 다른 사람한테 빌려준 것이었다.

그러던 중 이 일이 부인에게 발각됐다. 당연히 부인은 은행으로 쫓아와서 난리를 쳤다.

"공사비로 지출한 금액 4억 원은 인정해. 근데 추가 3억 원은 대체 누구 맘대로 중도 해지해 줬어? 내 동의 없이 해지했으니 당신들이 변상해!"

예전에는 명의신탁이라는 제도가 있었다. 말 그대로 명의만 빌려주고 자기가 쓸 수 있는 제도였는데, 금융실명법을 시행하면서 대법원 판례를 보니 명의신탁 제도 자체가 인정이 안 되었다. 무조건 본인의 동의를 받도록 한 것이다.

동의를 안 받으면 이건 100% 은행이 책임지게 돼 있다. 최악의 경우 남편이 공사비로 쓰지 않고 빌려준 3억 원은 은행에서 책임지게 될 수도 있었다.

그렇게 되면 담당직원, 담당팀장, 예금팀장, 지점장인 나까지 4명이 7천만 원꼴로 변상해야 했다. 7천만 원이면 1년치 연봉이 날아가는 셈이다.

청천벽력도 이런 청천벽력이 없었다. 진짜 이것 때문에 스트레스를 많이 받았다. 지점장인 나는 해지하는 데 일절 관여하지 않았으나 총괄 책임자이기 때문에 모른다고 할 수도 없었다.

최대한 감독원까지 안 가도록 민원이 안 들어가게 지점 내에서 자체적으로 수습하는 것이 최선이었다.

날짜가 지나도 계속 해결되지 않았는데 거기에도 내막이 있었다.

남편 고객이 부인과 싸워 가출한 것이다. 12월인가 그랬는데, 원래부터 부부관계가 좋지 않은데다 부인이 기가 센 편이어서 그 길로 남편은 집을 나갔고, 부인은 남편의 카드를 몽땅 정지시켜 놓았다고 한다.

여기까지 얘기를 듣고 나니 더 이상은 가만있을 수 없었다.

직원들이 해결 못 하니 지점장인 내가 나서야 했다. 한두 달 지난 후였다.

고객 집은 쌍문동이었다. 연락해도 받지 않아서 팀장과 함께 직접 집으로 찾아갔다. 저녁 여섯 시쯤 갔는데 불도 꺼져 있고 아무도 없었다. 밖에서 3, 4시간을 줄곧 기다렸고 10시쯤 되어서야 부인이 돌아왔다.

부인에게 정중히 인사부터 드렸다.

"제가 지점장입니다. 어디 가서 차 한잔 마시면서 얘기나 좀 하시죠."

은행에 와서 난리를 치던 부인도 지점장이 직접 와서 사과하고 남편이 하던 사업에 필요한 대출금 등을 수협은행이 많이 도와준 것을 얘기하니 조금은 듣는 듯했다.

"사모님, 아무리 화가 나셔도 이 엄동설한에 카드를 다 막으면 바깥분은 어떡합니까. 일단 바깥분이 살아야 돈도 생기고 사업도 계속하는 것 아닙니까. 더욱이 바깥분은 굶으면 굶었지, 남한테 손 내밀지 않는 성격이라면서요. 이러다가 정말 큰일 납니다. 쥐도 고양이가 쫓아올 때 구멍과 구멍을 보고 도망가는 건데, 완전히 그 퇴로를 막아놓으면 바깥분한테 죽으라는 얘기나 마찬가지입니다. 그러니 일단 카드만이라도 푸세요."

결국 내 설득에 부인도 화가 많이 누그러져서 남편이 사용하던 부인 카드 정지된 것을 풀게 하였고, 이후 빌려준 돈도 다행히 회수하여 골머리 썩었던 문제가 마침내 해결되었다.

이런 일들은 단순한 것 같으나, 해결을 못 하면 바로 감독원으로 넘어가고, 감독원에서 인지하게 되면 그 즉시 금융실명법 위반으로 과태료가 나온다. 그렇게 되면 보통 문제가 아니다.

그래서 민원이 발생하면 최대한 창구(직원, 책임자)에서 해결해야 한다. 그래야 조직 관리가 된다. 지점장이 먼저 나서서 해결이 안 되면 무조건 위로 올라가는 것이다. 곧바로 금감원 또는 본부 민원 감이다.

장이라고 해서 모든 것을 다 책임질 순 없다. 일은 저지른 사람이 먼저 해결하도록 하고 시간이 좀 지난 후에 지점장이 나서야 민원 대처가 순조롭다.

08

나만의 소통 방법을 찾으라 (1)

점심때를 최대한 활용하여 맛집 투어를 하면
자연스럽게 직원관리가 된다.

은행업은 현금을 주 영업 대상으로 하다 보니 마케팅도 중요
하지만 그만큼 중요한 것이 직원 관리를 어떻게 하느냐이다.

삼일회계법인과 ○○○ 컨설팅 할 때였다.
점심식사를 하는데 ○○○ 회계사가 밥 한 톨도 안 먹고 반
찬만 먹는 것이 아닌가. 탄수화물을 전혀 섭취하지 않고 나물
등의 반찬만 먹었다. 왜 그러냐고 물으니 건강관리 등의 이유
로 아침/점심/저녁 식사 습관을 바꾸었다고 했다. 그래서 건
강상 괜찮냐고 물으니 더 좋다고 했다.

반면 나는 세 끼 식사는 반드시 해야 한다고 생각했다.
하지만 나에게도 문제는 있었다. 만성적 역류성 식도염이
있어 일상생활에 지장이 있었다.

그래서 한번 식사를 줄여볼까 하던 차에 마침 일본 저자가 쓴 『간헐적 단식』에 관한 책을 접하게 되었다.

책에는 "인간이 수백만 년 동안 하루 한 끼만 먹다가 현대사회에 이르러 하루 3끼를 먹는다"라고 적시되어 있었다. 수백만 년 동안 하루 한 끼만 먹었다니… 나에게는 적잖이 충격적 사실이었다.

그래서 국제회계기준IFRS 전산시스템을 구축할 때는 아침, 점심은 굶고 저녁 식사만 했다.

『간헐적 단식』에서 한 끼는 맘대로 먹어도 된다고 하기에 하청업체 등과의 자리를 마다할 수 없어서 저녁을 택한 것이다.

그러다 보니 직원들과의 관계가 소원해졌던 것 같다. 식구는 밥을 같이 먹는 사람을 지칭한다고 하는데, 나와 가장 가까운 직원들과의 점심 식사를 등한시하다 보니 소통에 많은 지장이 있었던 것으로 파악된다.

그래서 지점장으로 부임하게 되면 직원과의 소통을 어떻게 해야 할지를 많이 고민했고, 나만이 아닌 전체를 위하는 마음으로 대하는 방법을 고민했던 것 같다.

이런 일들을 경험한 후, 의정부에 있을 때 나는 직원 관리를 위해 맛집 투어를 시작했다.

회의 시간 말고는 직원들과 가까이 있을 시간이 없고, 회의 시간에는 사무적이 되어 버리기 때문이었다. 그래서 직원들에게 좀 더 가까이 다가가기 위해 꺼내든 카드가 맛집 투어였다.

"포천 산꼭대기에 맛있는 추어탕 집 있는데 한번 갈래?"

일부러 친근하게 직원들에게 물으면 대부분 흔쾌히 응한다. 전체 직원 10명 중 2, 3명을 데리고 맛집으로 가는 차 안에서 얘기를 나눴다. 주로 내가 물었다.

"○○야, 남자친구는 잘 있고?"

"○○은 아픈 데는 이제 괜찮아?"

"너희들은 맛있는 거 어디로 먹으러 다녀?"

이렇게 일상적인 얘기들을 묻고 직원들이 답하는 걸 듣다 보면 이 직원이 어떤 마인드를 가졌는지, 일은 열심히 하는지, 어떤 성향인지 등을 자연스럽게 파악하게 된다.

베트남 속담에 "깊이 듣고 다정하게 말하는 것이 커뮤니케이션의 기술이다. 다정하게 말하는 것에는 돈이 들지 않는다"라는 말이 있다. 때론 다정한 말 한마디가 상대의 마음을 풀어 준다.

그래서 나는 쓸데없는 얘기들도 막 던지는 편인데 의외로 이것이 통한다. 사무적으로 만날 때는 안 되는 것이 맛집 투어를 하는 동안에는 직원들도 술술술 얘기한다.

사실 맛집에 한 번 갔다 오면 두세 시간씩 걸린다. 그날 같이 가지 않은 직원들은 다른 날 또 다른 곳으로 데리고 간다.

돌아가면서 맛집 투어를 하는 것이다. 이때 직원들 동향 파악하기가 제일 좋다.

어떤 직원은 보니까 혼자 버는데 결혼해서 어머니 모시고 살면서 자식이 셋이었다. 총 여섯 명이 이 직원 월급에만 의존해 사는 것이다. 그래서 이 직원은 업무 수당 주는 방카를 많이 팔았다. 이 때문에 다른 직원들에게 욕을 많이 먹었다. 자기 월급만으로 총 여섯 식구가 살아야 하니 그 직원도 어쩔 수 없었을 것이다.

나는 상황을 알고 있는 터라 마음이 짠했다. 이 직원과 맛집 투어를 갈 때는 일부러 더 다정하게 말했다.

"○○야, 내가 대출 많이 물고 올 테니 네 걸로 다 해."

밥 먹으러 갈 때 말고 이런 얘기를 어디서 하겠는가. 직원들 다 있을 때 할 순 없지 않은가.

사실 요즘은 직원들이 회식도 안 하려고 한다. 그러니 내가 시간 날 때마다 점심때를 이용해 맛집 투어를 했던 것이다. 그러고 나면 거리감도 좁혀지고 직원들도 더 열심히 하는 것이 눈에 보였다.

멀게만 느껴졌던 지점장이 친근하게 말을 걸고 자신들의 일상에 관심을 가지고 이것저것 물어봐 주니 은근히 감동을 받고 회사에도 더 충성하게 되는 것이다. 이것이 맛집 투어의 최대 장점이었다.

09.

나만의 소통 방법을 찾으라 (2)

의정부에 있을 때는 직원들과 점심을, 압구정에서는 직원들과 행복을 얘기한다.
나만의 소통 방법을 찾아내어 활용하면 서로 이해하게 되고 벽이 없어진다.

직원관리에 있어 소통은 무척 중요하다.

본사에서 국제회계기준IFRS 전산시스템 개발을 했을 때는
소통 방법을 못 찾아서 무척 난감했다. 당연히 회사를 위한 일
이니 내 말뜻을 이해하고 직원들도 따라올 줄 알았는데, 전연
아니었다. 내 예상과는 반대로 오히려 뒤에서 내 욕만 하고 다
녔다.

마케팅할 때는 직원들이 싫어해도 조직이 원하는 걸 할 수
있도록 해야 한다. 그러나 절대 쉽지 않은 일이었다. 내가 말
한다고 되는 것도 아니고 내가 솔선수범을 통해 행동한다고
전부 다 되는 것도 아니었다.

그래서 의사소통에 대해 많이 생각했다. 누군가 그랬다. 남
의 말을 열심히 듣는 사람은 말하는 사람 입장에서는 진실한
벗과 같다고. 나도 직원들의 진실한 벗이 되고 싶었다.

'내 의견을 잘 전달하고 직원들의 의견을 들으려면 어떻게 해야 할까?'

의정부 때는 이 소통을 위해 맛집 투어를 다녔으나, 시간과 수고가 너무 많이 들어 생각보다 비효율적이었다. 개선이 필요하다고 생각했다.

압구정에 와서는 방법을 달리했다. 아침에 회의할 때 "우리 일주일에 한 번씩 행복했던 일을 하나씩 발표해 보자"라고 제안했다.

내가 굳이 행복한 일을 얘기하자고 한 것은, 영업점 근무상 어려운 것이라든가 일에 관한 것을 발표하자고 하면 직원들이 얘기를 잘 안 했기 때문이다. 또 행복해야 동기부여가 되고 행복해야 이 모든 일을 할 수 있는 원동력이 되는 것이 아닌가.

이런 이유로 행복했던 일을 얘기하자고 한 것이다. 그러면서 내가 먼저 행복했던 얘기들을 꺼냈다.

"아침에 우리 딸들한테 음식을 만들어 주었는데 아이들이 좋아하니 무척 기뻤어요."

말하는 동시에 음식 사진도 보여주고 요리하는 순서도 알려주었다.

"이번 주 주말에는 돼지고기볶음을 했어요. 돼지고기볶음을 맛있게 하려면 무엇보다 파기름을 듬뿍 내야 해요! 파기름은 먼저 기름을 프라이팬에 두르고 파 한 뿌리를 잘게 썰어 넣고 기름에 볶으면 돼요. 그다음은 식재료가 익는 순서대로 돼지고기를 적당히 익히고 새송이버섯 등 채소를 같이 넣고 볶다가 양념장을 만들어 넣지요. 양념장은 간장, 까나리액젓, 굴소스 등을 섞어 넣어요. 그럼 풍미가 넘쳐요."

직원들도 어느새 내 얘기에 푹 빠져 고개를 끄덕이고 있었다.

"그리고 마지막 음식 피날레는 음식은 예뻐야, 맛있어 보여야 하잖아요? 최근에는 납작당면을 따로 삶았다가 돼지고기볶음 소스에 살짝 볶아요. 양념소스가 살짝 묻혀지면 큰 접시를 꺼내 돼지고기볶음 옆 한쪽에 담아봤지요. 이 사진 보이죠? 어때요? 그럴듯하죠! 와우~ 풍미와 멋이 넘치는 요리로 탄생하더라고요. 하하하."

이런 일상적인 행복한 순간들을 얘기했다. 센터장이라서 어려워만 했는데 의외로 소탈한 모습을 알게 되니 직원들도 거리감이 줄어든 듯했다.

나 또한 직원들의 발표를 통해 각각의 성향이라든가 기본적인 습성 같은 것을 파악했다.

인생이 즐겁고 행복한 사람 중에서 사고 칠 사람들은 많지 않다. 반대로 우울하고 침체돼 있는 사람은 사고 칠 확률이 높다. 특히나 우리 같은 금융기관은 현금을 다루는 데다 보니 직원들이 어떤 행동을 하고 어떤 생각을 하고 있는지 아는 것이 굉장히 중요하다. 이런 것을 파악하는 데 아침 회의 시간이 큰 도움이 되었다.

나와의 벽이 없어지면서 자연스럽게 직원들이 업무 사례도 발표하게 되었다.

"고객에게 방카나 펀드, 카드 등을 권할 때 '고객님에게 강매하는 것이 아니라 고객님을 위해 권유하는 것입니다'라고 말하니 고객들의 호응이 더 좋았습니다."

"아, 그래요? 다음에는 저도 그렇게 해봐야겠어요."

진정으로 서로 소통하게 된 것이다. 소통이 되니 직원들 표정도 좋아지고 영업도 잘되었다.

"너희들은 언더라이팅만 하는 관리직이고 나는 영업직 사원이다."

내가 평상시 직원들에게 자주 하는 말이다.

고객과의 술자리나 접대할 때의 일도 허물없이 늘어놓는다.

"어젠 ○○랑 술 먹었는데 그 고객이 양아치처럼 나를 이용해 먹는 거 있지!"

"오늘은 고객들과 골프 치러 갔는데 몇 시에 나간 줄 알아? 티업시간이 7시 00분이고 운전하는 시간과 고객들과 아침 먹는 시간을 감안하면 집에서 새벽 5시에 나가야 해! 그니까 나는 오늘 5시부터 근무한 거야."

어찌 보면 실없는 얘기들도 그냥 툭툭 던진다. 이런 얘기를

안 해주면 직원들은 우리 지점장은 밤마다 아침마다 업무추진
비로 자기 혼자 맛난 거 처먹고 놀러 다닌다고 생각할 수도 있
다. 그러니 지점장의 근황 얘기도 해줄 필요가 있는 것이다.

이처럼 자신만의 소통 방법들을 찾는 것이야말로 매우 중요
한 마케팅 포인트라 할 수 있다.

어떤 때는 팀장들한테 선물을 주기도 한다.

은행에는 프런트 직원이 있고 중간에 팀장이 있고 맨 뒤에
지점장이 있다. 이 중 특히 중간 직원을 잘 관리해야 된다.

이를 위해 나는 선물을 한다. 남들 다 보내는 명절 때가 아
닌 가정의 달이나 결산이 끝났을 때 보내주면 더 감동한다. 이
것도 소통의 한 방법이다.

언젠가는 직원들에게 설문조사를 해본 적이 있다.

"영업점 근무하면서 제일 하고 싶은 것은 무언가?" 했더니
"점심시간에 삼결살에 소주 한 잔 하는 것이 그렇게 부러웠
다"라는 직원들이 많았다. 그래서 그날은 점심시간에 삼결살
파티를 했다. 지점장인 나는 식당에 앉아 계속 삼겹살을 굽고
직원들은 교대로 점심을 먹으면서 다양한 이야기를 나누었다.

사소하지만 즐겁고 행복한 일을 만들어 직원들과 이야기꽃
을 피우는 것이야말로 나는 소통의 출발점이자 마케팅의 시작
이라 생각한다.

10. ─────────────────────────────

은행만의 장점을 숙지하라

금융기관은 1금융권, 2금융권, 3금융권 등 다양하다.
어디에 위치하든지 다들 자기들만의 노하우로
성과를 거두면서 잘 먹고 잘살고 있다.
그러므로 우리만의 장점을 숙지하고 고객에게 어필하면
얼마든지 시장 개척이 가능하다.

─────────────────────────────

영업을 하려면 누구나 자신만의 장점이 뭔지를 이해하고 어필할 수 있어야 한다. 더 나아가 우리 수협은행만의 장점이 뭔지를 알고 있어야 한다. 그런데 대부분이 잘 모른다.

얼마 전에도 다른 지점장에게 컨설팅 해주고 우리 직원한테도 비슷한 얘기를 했다.

우리 장점이, 우리 여신의 장점이 무엇인가? 단점부터 말하면 우리는 금리가 높다. 금리가 높다는 얘기는 시중은행 가면 3%, 2%대로 해주는데 우리는 4%대를 받는다.

나는 압구정에 있는 3년 동안 5천억을 대출했다.

압구정에는 거액 자산가가 많은데 그렇다면 내가 어떻게 높은 금리에도 그들을 설득할 수 있었을까? 우리 수협만의 장점들 덕분이었다.

우리의 첫 번째 장점은 대출 한도를 많이 준다는 것이다.

예를 들어 1,000원짜리 물건을 사려 한다고 치자. 취/등록세까지 1,100원이 들어간다.

시중은행에서는 감정가 1,000원일 경우 대출금액은 최대 80%, 800원밖에 안 준다.

그런데 재무 융통성이 우량한 고객인 경우, 우리 수협은 본사 승인을 맡으면 취/등록세까지 다 해준다.

담보 또 하나 주면 이건 800원, 300원 더 필요해? 그럼 다른 담보물로 300원 더!

이것이 얼마나 좋은 것인지 모른다. 요즘은 부동산 취득하면 세무 당국은 자금 출처를 다 내라 한다. 이런 경우 우리 수협은행을 통하면 자금 증빙도 아주 심플하게 끝나버린다.

두 번째로 좋은 것은 시중은행에서 80% 해주는 데도 있으나 그중 60%는 담보고 나머지 20%는 신용대출을 해준다. 이게 무슨 의미냐면 신용대출은 분할 상환을 해야 된다.

우리 수협은 1,100원을 해주더라도 담보가 있다. 다 담보다. 즉 신용대출이 없는 것이다. 그러면 분할 상환을 안 해도 된다. 이것은 무척 큰 차이다.

주택 원리금 상환을 해본 사람들은 알겠지만 이자는 얼마 안 된다. 이자는 상한 금액의 한 20%, 30%밖에 안 되고 나머지는 원금 상환이다.

그런데 내가 버는 소득은 한계가 있다. 한 달에 500만 원 번다면 원리금 이자만 내면 100만 원, 그러면 남은 400만 원으로 충분히 살 수 있다. 힘들면 나중에 집 팔아 그냥 갚으면 된다.

반면 원리금 상환이면 이자 100만 원에 원금 200만 원, 매달 총 300만 원을 상환해야 한다. 결국 남은 200만 원 갖고 손가락 빨면서 어려운 삶을 살아야 하는 것이다.

강남, 서초 등의 경우 수익률을 따졌을 때 땅값이 올라가는 것이지 건물 월세는 2%밖에 안 나온다. 이자 내기도 빠듯하다. 거기다가 원금 상환까지 하면 버틸 수가 없다.

이렇게 따져보면 우리 수협이 이자는 좀 비싸도 엄청 좋은 선택지가 될 수 있는 것이다.

선택은 자유지만 "원리금 상환하며 손가락 빨고 살래? 아니면 이자만 내며 편안히 살다가 나중에 건물 팔아서 네 돈 챙길래?" 하고 물으면 대부분 우리 수협 것을 택한다. 물론 돈이 몇 천억씩 있는 사람들은 예외다.

그러니까 우리 것을 원하는 사람이 100명 중 한 10명 되고, 나머지 90명은 그래도 이자 싼 다른 은행에 간다고 쳐도 우리에게는 10명이 있다. 깃발만 꽂으면 내 것이라 하지 않았는가.

맨 천지가 그런 사람들인데 100명 중 10명만으로도 충분하다. 사실 10명이 아니라 1명만 있어도 된다. 1년에 한두 건만 하면 된다. 큰 것 두 건만 하면 은행 영업점 실적은 웬만하면 다 채울 수 있다. 숫자만 많다고 좋은 것이 아니다. 이러한 우리 수협만의 장점을 어필하여 고객을 설득해야 한다.

세 번째 장점은 시중은행은 신설 법인 취급이 곤란하다. 왜냐하면 내부등급법이라고 해서 고객 신용등급 심사를 따로 하고, 상환력 심사 따로 해서 두 번을 한다. 게다가 신설 법인은 안 된다. 재무제표가 없거나 사업 기간이 짧은 건 재무등급 평가가 어렵기 때문에 신용등급 심사가 곤란하다. 대출 못받는다.

반면 수협은 내부등급법 안 쓰고 표준법을 쓴다. 표준법은 감독원에서 가이드 준 것을 그냥 그대로 갖다 쓰는 것이다. 그래서 우리는 상환력 심사 한 번만 한다. 그러므로 굉장히 간단하다. 신설 법인도 아무 상관 없다. 사실 건물 하나 사는 사람 중 신설 법인 만들고 5년 이상 갖고 있다가 사는 사람은 거의 없지 않은가.

이런 유의 수협만의 장점이 셀 수 없이 많다.

특히 수협은 상속에 대해서도 특화돼 있다. 여기서도 행간의 의미를 이해하는 것이 중요하다.

대출은 추가 담보만 제공하면 100% 해준다. 자식이 부동산을 매입하고 매월 월세로 대출금을 상환시키면 된다. 이때는 시간이 돈이다. 월세 받아서 계속 대출금을 상환시키면 된다. 상환시킨 만큼 상속재산이 증가하게 된다. 나중에 땅값 올라가면 그대로 또 상속된다.

이러한 엄청난 매리트 때문에 내가 압구정에 3년 재직하는 동안 5천억씩 대출 실적을 올릴 수 있었던 것이다.

예를 들어 건축자금 대출을 원하는 첫 거래 고객이 오면 다음과 같이 표로 만들어서 설명하면 더 효과적이다. 한눈에 알아볼 수 있고 고객의 이해도 빠르다. 이렇게 경쟁 은행과 비교 설명하고 고객에게 선택하라 하면 되는 것이다.

	수협		시중은행	저축은행	새마을금고
대출한도	감정가 100%	감정가 120%	…	…	…
장점	* 차주의 재무 능력을 가장 중요하게 봄 (시공사는 중요하게 안 봄)		…	…	…
단점	사업비 100% 지원 안 됨	시행 경험 보유해야 함	…	…	…

여기에 한 가지 덧붙이면 건축자금이든 빌딩 매입자금이든 나는 대출이 필요한 고객에게 자금 지출/조달표를 만들어 준다. 그리고 그 표에서부터 시작한다.

지출		조달	
		은행대출	차주(고객)
빌딩매입	10억		2억
중개수수료	0.5억	8억	0.5억
대수선비용	2억		2억
취등록세	1억		1억
13.5억		8억	5.5억

총 13.5억 중 은행에서 8억을 대출해 주면 차주는 5.5억을 조달하면 된다.

그러면 어떻게 조달할 것인가?

현금 2억, 타 담보제공 가능 부동산(Apt 등) 2억, 신용대출 1억, 카카오/토스 융통 0.5억, 그러면 5.5억 조달이 가능한 것이다.

고객이 OK 하면 대출에 필요한 국세, 지방세 완납증명 필요한 서류를 달라고 하면 끝이다.

반대로 수협은행 조건이 맞지 않아 거절한다면 "다른 은행도 알아봐 드릴까요?" 하면 되는 것이다.

결론적으로 우리 수협만의 장점을 정확하게 알고 있는 것이 가장 중요하다.

밍크의 부드러운 털은 장점이지만 이 털 때문에 밍크는 사람들의 표적이 된다. 스컹크의 방귀는 단점이지만 이 냄새 때문에 스컹크는 사람들의 표적에서 벗어난다. 즉 장점이 단점이 될 수 있고 단점이 장점이 될 수 있다는 얘기다.

　고객은 예금이자와 대출이자만 가지고 얘기하려 하지만, 우리만의 장점을 알고 있으면 비교 우위는 얼마든지 만들 수 있다.

　수협을 비롯한 시중은행의 제1금융권부터 제2금융권인 보험회사, 증권사, 저축은행, 하다못해 제3금융권인 대부업체까지 다 잘 먹고 잘살고 있다. 이는 다 자기 나름대로 노하우가 있고 각각의 장점들을 갖고 있기 때문이다.

　"안 된다, 힘들다"라고 하기 전에 자기들만의 장점을 찾아보고 이를 어필하게 되면 얼마든지 시장 개척이 가능하다.

망설이지 말고 무조건 실천하라

생각만 하고 실천하지 않으면
어떤 답도 찾을 수 없다.

마케팅을 하다 보면 회사 내규나 아니면 정부 규제, 금융시장 규제들 때문에 영업을 못 할 때가 너무 많다. 그래서 고객에게 어떤 답도 못 줄 때가 있다.

그러나 안 된다고 하면 정말 안 된다. 찾지 못했을 뿐 어떤 일이든 답은 있다. 내가 못 하면 다른 데 소개시켜 주면 된다.

고객의 요구를 파악하여 여러 대안을 만들어 놓고 그것을 실천으로 옮겨야 한다. 저 유명한 철학자 스피노자도 "자신은 할 수 없다고 생각하고 있는 동안은 사실은 그것을 하기 싫다고 다짐하고 있는 것이다. 그러므로 그것은 실행되지 않는 것이다"라고 했다.

언제까지 안 된다, 못 한다만 하고 있을 것인가. 그것은 고객을 스스로 끊어버리는 어리석은 행동이다.

○○○컨설팅 회사가 있었다. 이 회사는 주로 대부업에 준하는 NPL 물건을 많이 취급하는 전문 컨설팅 업체로, 처음 소개받은 회사였다.

시작은 미미했다. 약 4년간은 시중은행과 공동 대출이 곤란하거나 수협은행이 취급 불가능한 건을 연계해 대출을 소개하는 형태로 알고 지냈다. 물론 일이 있을 때마다 수시로 논의하였으나 접점 맞추기가 매우 어려웠다.

실패 없는 성공은 없다고 했던가. 그러던 중 ○○건설 660억 대출에 실패하였고 그 실패의 교훈을 통해 서로를 더 잘 알게 되었다. 공동 대출에 참여했던 ○○○금고에 실비 ○백만 원을 지급하면서 신뢰를 쌓았다.

2021년 말 가계부채 총량 규제 등으로 금융이 어려울 때 공동대출을 많이 취급했다.

KPI에 ○○○신탁수수료 항목이 있다. 그간 관계를 돈독히 해왔기에 언젠가는 도와주겠지 했는데… 그렇게 거래했는데도 서로의 간극이 커서 지금도 고민의 고민을 하고 있다.

이런 고민 자체가 고객에게 꼭 필요한 답을 찾아가는 과정이라고 생각한다.

이 세상에 없는 것이 세 가지 있다고 한다. 정답이 없다. 비밀이 없다. 공짜가 없다.

정말 맞는 말이다. 인생에는 정답이 정해져 있지 않다. 사물을 바라보는 기준과 가치, 시대 등에 따라서 정답은 매번 바뀐다.

"낮말은 새가 듣고 밤말은 쥐가 듣는다"라는 속담처럼 비밀 역시 당장은 아니더라도 결국 드러나게 되어 있다. 특히 요즘 같이 인터넷이 발달한 디지털시대에는 더더욱 그렇다.

많은 사람이 공짜라면 양잿물도 마실 만큼 좋아하지만, 내가 여러 번 강조했듯 인생이든 마케팅이든 give & take가 기본이다. 공짜라고 해도 언젠가는 분명 대가를 치러야 하는 것이다.

그러니 이 세상에 없는 세 가지만 찾아 헤매지 말고, 그럴 시간에 발로 뛰면서 생각한 것을 실천해 나가는 것이 가장 현명한 마케팅일 것이다.

글로벌 CEO의 긍정 메시지

· 무엇을 하든 꾸준히 하라. 인생은 마라톤이다. 단기간 무언가를 한다고
  해서 그 성과가 바로 나타나지는 않는다. 꾸준히 실천해야 성과가 나타
  나기 마련이다.

· 실패를 기회로 삼아야 한다. 누구나 한 번쯤은 실패를 겪기 마련이다.
  하지만 그 실패를 딛고 일어나는 사람은 성공의 길로 한 발짝 다가간
  사람이고, 실패에서 주저앉게 되면 그 사람은 더 이상 전진할 수 없는
  사람이다.

· 바람이 강하게 불 때야말로 연을 날리기에 가장 좋은 시기다.

· 생각을 했으면 실천에 옮겨야 한다. 생각이 아무리 뛰어나도 실천에 옮
  기지 못하면 절대로 앞으로 나갈 수 없을 것이다.

· 서로 다름을 인정해라. 사람들은 절대로 나와 같지 않다. 절대로 나와
  같은 생각을 하지 않으며 똑같은 사물을 보더라도 서로 다르게 해석하
  는 것이 우리 사람들이다. 서로 다름을 인정하고 그 사람들에게서 장점
  을 찾아 나 자신의 발전의 기회로 삼아야 한다.

· 청춘이란 마음의 젊음이다. 신념과 희망에 넘치고 용기로 가득해 나날
  이 새로운 활동을 계속하는 한 청춘은 영원히 그 사람의 것이다.

– 마쓰시타 고노스케(파나소닉 창업주)

12. ─────────────────────────────────

마케팅은 혼자 하는 것이 아니고
여러 사람이 어우러져 하는 것이다

주변의 모든 것이 채널이 될 수 있다.
입간판도 팸플릿도 고객도 친구도 연결고리만 있으면 채널 확장에 한계란 없다.
어떤 마케팅도 다 똑같다.
나 혼자서만 하려 하면 죽어난다.

─────────────────────────────────

앞에서도 언급한 것처럼 마케팅의 기본은 크게 3가지다. 고객관리! 직원관리! 자기관리!

내가 만약 섭외를 못 해도 가족이나 직원을 통해서 섭외할 수 있다.

또 이 섭외라는 것은 꼭 은행직원만 할 수 있는 것이 아니다. 예를 들어 건설하는 사람, 분양하는 사람, 병원 하는 사람 등등 수없이 많다. 부동산 중개업자만 해도 상가만 하는 사람, 빌딩만 하는 사람, 아파트만 하는 사람 등등 별별 사람들이 다 있다.

압구정에서 내 고객이 된 성형외과 ○○○ 의사는 내게 계속 사람들을 소개시켜 준다. ○○○ 의사는 수협은행과 조건이 맞지 않아 정작 고객이 되지는 못했다.

하지만 처음에 수협은행의 여러 가지 장점을 잘 설명해 준 덕분에 ○○○ 고객을 소개받았고, 이 건을 잘 해결해 주었더니 압구정에 소문이 자자해져서 다른 의사들 전화도 많이 받게 되었다.

성형외과 원장들의 가장 큰 문제는 건물을 사고 싶어도 자금출처 조사나 소득 대비 땅값이 너무 올라 살 수가 없다는 것이다. 1년에 10억씩 버니 돈은 많이 버는데 10억 벌어도 땅값은 벌써 저 앞에 가 있다. 그래도 빨리 뭐라도 하고 싶어 내게 전화들을 하는 것이다.

이렇듯 마케팅은 혼자 하는 것이 아니다. 말하지 않았는가. 답은 내 안에 다 있다고.

건설하는 사람이 있다고 치자. 그러면 그곳에 분양하는 사람도 있고, 법무사도 있고, 그 밑에 딸린 사람들이 무지 많다. 족히 30~40개는 딸려 있다.

금융 하는 사람도 1금융, 2금융, 3금융, 4금융 다 붙어 있다. 그것만 팔아도 된다. 같은 금융 하는 사람은 도움이 안 될 것 같지만, 아니다. 도움이 된다. 우리가 못하는 건 다른 데서 잘할 수 있다.

KB 다니는 내 친구의 경우 거기는 금리가 싸고 등급이 좋아야 하니 내 거 중에 그런 거 주고, 반대로 우리 수협 특성에 맞는 걸 받기도 한다.

얼마든지 이렇게 함께할 수 있는 것을 혼자서 한다고 생각하면 안 될 수밖에 없다.

우리 직원들이 특히 좋아하는 것이 있다. 은행 팸플릿을 직원들이 돌리지 않는 것이다. 나는 그런 일을 직원들에게 시키지 않는다.

직원들이 사람들한테 나눠줘 봤자 대부분 보지도 않고 쓰레기통에 버려진다. 아파트 우편함만 봐도 이런 광고 전단지들이 잔뜩 꽂혀 있지만 제대로 보는 사람은 없지 않은가.

그래서 전에도 말했듯 직원들 대신 분양사무실 아주머니들을 고용했다. 이분들은 팸플릿 돌리는 이쪽의 전문가들이다. 사람 데리고 와서 분양사무실에 앉혀야 비로소 수당을 받는다. 그러니 필사적이고 나름의 노하우가 있다.

은행이 광고 전단지나 DM 등을 발송할 경우, 경비도 만만치 않다. 한 번 돌릴 때마다 몇백 통씩 뿌리니까 30~40만 원은 족히 든다.

그렇다면 이 아주머니들을 써서 어디에 뿌리겠는가? 돈은 어디에 있나? 은행이나 증권사에 많다. 그 앞에 가서 팸플릿을 돌리면 된다.

지금 은행 갔다 나오는 사람에게 "수협은행은 금리 ○프로 줘요" 홍보하면서 주머니에 찔러준다. 이러니 효과도 좋고 지점 직원들은 자기들 안 괴롭히니 또 좋다.

또 일부 은행 고객들은 라임 옵티머스 펀드 때문에 손실을 많이 입은 적이 있다. ○○은행, ○○은행 등이 문제가 됐다. 그 은행들 앞에는 뿔따구 난 고객들이 엄청 많았다. 거기 가서 팸플릿을 돌리는 것이다.

"수협은행은 이상한 펀드 안 해요" 하면서.

얼마 전에는 씨티은행 철수 발표가 났다. 그러면 그 앞에 가서 또 돌린다. 이런 데야말로 말 그대로 노다지다.

은행 앞에 세워놓는 입간판도 하나의 마케팅이다. 실제로 입간판을 보고 들어가서 고객이 된 사람도 많다. 새로 온 손님들이 왜 오겠는가. 입간판이나 팸플릿 덕을 톡톡히 봤다. 특히 개인예금 같은 경우는 이렇게 안 하면 답이 없다.

영업은 머리 써서 해야 한다. 여신도 우리의 장점을 이해해서 고객에게 어필해야 하고 예금도 이렇게 하면 안 될 것이 없다.

어떤 마케팅이든 다 똑같다. 나 혼자 하면 죽어날 수밖에 없다.

법무사도 주특기별로 다 있다. 듣기만 하는 사람, 금융 자문까지 해주는 사람, 분양 관련 업무 하는 사람, 빌딩만 하는 사람 등등 분야별로도 많다.

법무사라고 해서 똑같은 법무사가 아니다. 대부업체도 1대
부업체, 2대부업체, 3대부업체로 나누어져 있는데 법무사는
얼마나 많겠는가. 자기들만의 전문영역이 다 따로 있다. 그래
서 우리는 법무사도 한 10명 정도 주특기별로 나눠 쓴다.

다양한 채널을 만드는 것을 어렵게 생각할 필요가 없다. 입
간판도 채널이고 아줌마가 돌리는 팸플릿도 채널, 중개법인도
채널이다. 이렇듯 주변에 채널이 넘쳐난다.

가끔 후배들이 내게 묻는다.
"선배님은 어떻게 된 게 늘 마르지 않는 샘물이에요?"
그럴 때마다 나는 씩 웃으며 한마디로 정리한다.
"혼자 No! 함께 Yes!!!"

13.

영업직과 관리직

은행지점장은 영업직인가, 관리직인가?
영업직이다.
영업을 해봐야 자기 일을 해도 성공할 확률이 높다.

압구정지점 고객 중 친한 형님이 있다. 하루는 그 형님이
아들 때문에 죽겠다고 하소연했다. 서른이 넘어서 일반 회사
에 취직시킬 수도 없고 하던 공부도 안 해서 걱정이라는 것이
다. 그러니 내가 아는 회사에 취직자리 좀 알아봐 달라고 부
탁했다.

모른 척할 수도 없어서 L회장님께 전화해 우리 은행 고객인
형님 아들인데 애가 착한 것 같으니 경리팀이나 경영관리팀에
좀 넣어주면 안 되느냐고 의중을 떠봤다.

○○○○ 회사는 해외 지점까지 합치면 한 200개 정도 되는
규모였다. 그런 만큼 관리도 많이 해야 해서 직원 수도 많았
다. 이곳에 가면 형님 아들도 배울 것이 많을 듯했다. 내 부탁
에 회장님께서 일단 면접 보러 오라면서 OK 하셨다.

면접을 보는 날 회사까지 동행했다. 데려다만 주고 나는 곧바로 돌아왔는데 면접이 끝나고 전화가 와 다시 만났다. 그때 내가 형님 아들에게 물었다.

"내가 현직 은행센터장인데 아드님이 봤을 때는 내가 영업직 같아요, 관리직 같아요?"

"당연히 관리직 아닙니까."

"아니에요. 영업직이에요. 지점장은 아침에 출근해서 30~40분 앉아 있다가 나가서 맨날 돌아다녀요. 맨날 술 먹고 맨날 골프 쳐요. 나도 스무 살 때는 관리직이 최고인 줄 알았어요. 그런데 인생을 살아보니 관리직은 오너 딱갈이나 마찬가지예요. 전에는 본사에서 오래 일했는데 남는 게 없더라고요. 오너한테 잘 보여서 편안하게 살지는 몰라도 인생에서 남는 게 없는 거예요."

형님 아들이 호기심에 찬 표정으로 나를 바라봤다. 내친김에 말을 이었다.

"무슨 말이냐면 내가 영업직을 한 10년 가까이 해보니까, 오너가 주는 카드 가지고 내 것을 만들 수 있더라고요. 오너가 뺏어가려 해도 뺏어갈 수가 없어요. 관리직은 어느 한순간 확 뺏기면 그냥 개털로 나오지만, 영업직은 오너가 준 카드로 실컷 쓰고 다니면서 나만의 네트워크를 만드는 거예요. 결국은 이게 사업의 밑천이 돼요. 그래서 사업하는 사람들은 영업직이 많고 관리직이 사업하는 일은 거의 없어요. 그러니 너무 경영관리팀 이런 데만 가려고 하지 말고 영업을 해봐요. ○○○○ 회사에도 영업하는 파트가 많으니 그곳에서 세상을 좀 배우는 게 좋지 않겠어요."

형님 아들이 그제야 이해가 된다는 듯 고개를 끄덕였다.

"봐봐요. 관리직은 인풋 100을 해야 하지만 영업직은 인풋 30만 해도 모든 게 다 해결돼요. 자기관리도 영업이고 직원관리도 다 영업이에요. 그러니 실제로는 30%만 영업해도 되요. 관리직에 비하면 인풋이 많지 않으니 영업을 해보는 것도 분명 인생에 도움이 될 거예요."

그러고 헤어졌는데 며칠 후 형님에게 전화가 왔다.

"동호야, 네가 어떻게 했기에 그렇게 공부하라고 해도 안 하던 애가 너한테 갔다 오더니 다시 공부한다고 하냐?"

"뭐? 취직 안 하고 공부한다고? 난 관리직, 영업직 얘기밖에 안 했는데…."

영업 일을 해봐야 뭘 하더라도 할 수 있다는 의미에서 얘기한 것인데, 그때 형님 아들이 어떤 깨우침을 얻었는지는 모르겠다. 하긴 공부도 자기관리이니 그것도 일종의 영업이긴 하다.

엊그저께 거래처 자금 담당 이사를 만났을 때도 이 관리직,

영업직 얘기를 꺼냈다.

담당 이사는 나를 보자마자 우리 회사는 어떻고 매출은 어떻고 하면서 자기 회사 좋은 얘기만 했다. 아니, 내가 심사하는 것도 아닌데 얼굴 보러 와서 재밌게 있다가 가면 될 일이다. 그런 얘기 백날 해봤자 귀에 들어오지도 않는다.

그래서 쓸데없는 얘기는 집어치우라 하고 대신 내가 재밌는 얘기를 해주겠다고 했다. 그러면서 이 관리직 영업직 얘기를 꺼냈더니, 연신 재밌게 듣고 있다가 마지막에는 박수까지 치면서 담당 이사가 말했다.

"센터장님 말이 정말 맞아요, 맞아. 영업직을 해야 자기 가게를 하더라도 잘할 수 있잖아요. 나도 하루라도 빨리 지금 담당 때려치우고 영업 파트로 옮겨야겠어요. ㅎㅎ"

14

마케팅에 기본 상식을 접목하라

마케팅은 새로운 게 아니다. 기본 상식을 접목하면 누구나 잘할 수 있다.
기본 상식 없이 시작할 수는 있지만 오래갈 수는 없다.

이 책을 읽는 여러분은 상식常識에 대해 어떻게 생각하는가?

상식의 사전적 의미는 '사람들이 보통 알고 있거나 알아야 하는 지식'을 말한다.

나는 상식이야말로 마케팅에 있어 매우 중요한 기본 요소라고 생각한다.

본사에서 10년 이상 근무했어도 고객 영업을 해본 경험이 전무한 터라, 그때 당시는 선배님에게 이것저것 많이 문의하곤 했다.

"부장님, 부장님은 처음부터 영업통인가 봐요?"

선배님의 답변은 의외로 간단했다.

"조 과장, 영업이 어렵다고 생각하면 한없이 어려운 거야. 그냥 간단히 생각해. 상식선에서 말이야. 여신 규정을 잘 몰라도 돼. 상식선에서 판단하고 이해하면 되는 거야."

그때는 선배님 말을 이해할 수 없었다. 그래서 다시 한번 문의했다.

"수협은행에 ○○○○ 대출상품 있잖아요. 이것에 대해 고객이 자세히 물어보면 어떻게 대답하나요?"

선배님 대답은 또 간단했다.

"아하, 그거? 바로 대답 안 해줘도 돼."

고개를 갸웃거리며 내가 재차 물었다.

"그럼 고객의 문의에 잘못 응대하는 게 아닌가요?"

옅은 미소를 지으며 선배님이 말했다.

"고객에게 우선 상식선에서 답변하고 나중에 사무실에 돌아가서 세부 검토의견을 준다고 답하면 돼. 흐흐흐."

이제는 내가 그 선배님의 위치가 되었다.

그 시절의 나와 똑같은 어려움을 겪는 후배 지점장이 내게 묻는다.

"선배님, 마케팅 어떻게 하세요?"

그러면 나도 옅은 미소를 지으며 간단하게 대답한다.

"마케팅이라고 해서 꼭 새로운 게 아니야. 상식에 접목하는 것이 중요해."

간혹 일을 할 때 기본 상식을 모르는 직원을 목격하게 된다.

은행원이라면 고객에게 대출할 때 담보물건에 그에 맞는 근저당 설정을 잡는 것이 기본 상식이다. 그런데 이 기본적이고 당연한 일조차 놓치는 실수를 하곤 한다.

은행 돈이 아닌 내 돈을 빌려준다고 생각해 보자. 우선 돈을 빌린 사람의 신용이 좋은지 안 좋은지 볼 것이고, 문제가 생길 때를 대비해 꼼꼼하게 담보를 챙길 것이다. 그렇게 검토한 후 아무 이상이 없으면 그때 돈을 빌려주지 않는가.

이것은 상식이다. 그런데 자기 돈이 아닌 은행 돈이고 그저 일이라고만 생각하니, 담보물건에 근저당 설정조차 제대로 하지 않은 채 대출이 나가게 되는 것이다.

『논어』에 "본립도생本立道生"이란 말이 있다. 기본이 서면 나아갈 길이 생긴다는 뜻이다.

기본은 사람이 무엇을 하려고 할 때 처음에 반드시 내 것으로 갖추어야 할 자질이기도 하고 결코 건너뛸 수 없는 절차이기도 하다.

한 분야의 기본을 갖춘다는 것은 그 분야에 들어설 수 있는 관문을 통과하는 것과 마찬가지다. 기본 상식 없이 시작할 수는 있지만 오래갈 수는 없는 것이다.

상식이 통하는 세상이 별거겠는가. 자신이 맡은 분야에서 본분을 지켜 열심히 일하면 누구나 잘하게 될 수 있는 그런 세

상이다. 나는 상식이 강물처럼 자연스럽게 흐르는 세상에서
살고 싶다.

글로벌 CEO의 긍정 메시지

· 미래를 예측하는 최고의 방법은 그 미래를 스스로 창조하는 것이다. 여
러분 스스로의 미래를 그려 나가길 바란다.

· 배는 항구에 정박해 있을 때 가장 안전하다. 하지만 그것이 배의 존재
이유는 아니다.

· 사람은 계속 틀에 갇힌다. 그걸 깰 수 있는 뭔가가 필요하다.

· 삼성SDS를 뛰쳐나와 한게임을 만든 것, 한게임을 네이버와 합병시킨
것, 네이버를 떠나 미국으로 간 것, 모두 환경을 변화시킨 것이었다. 이
렇게 강제적으로 환경에 변화를 준 것이 내 성공의 비결이었다.

· 아무도 가보지 않은 길 즐겁게 가자.

· 새로운 사업을 하면서 기존 세력과의 충돌은 불가피하다. 카카오택시
에서 그랬듯이 기존 사업자들과 최대한 협력할 것이다.

— **김범수**(카카오 CEO)

15

짚신 장수의 유언
- 행간의 의미를 읽어라

> 짚신 장수가 아들에게도 노하우를 안 가르쳐 준 것처럼
> 영업의 비법 또한 아무도 가르쳐 주지 않는다.
> 행간의 의미를 읽고 생각의 전환을 통해 자신만의 비법을 만들어 가야 한다.

옛날에 짚신을 잘 만들기로 유명한 짚신 장수가 있었다. 그에게는 아들이 하나 있었고 아들과 아버지는 각자 짚신을 만들어 시장에 내다 팔아 각자의 생계를 꾸렸다.

아버지가 만든 짚신은 언제나 인기가 좋았다. 아들은 열심히 아버지를 흉내 내어 짚신을 만들었지만 언제나 찬밥 신세였다. 그래서 아버지께 잘 팔리는 짚신 만드는 법을 가르쳐 달라고 했는데, 짚신 장수 아버지는 그만 병에 걸려 어느 날 죽게 되었다.

아버지는 그때까지 비법을 가르쳐 주지 않다가 죽으면서 유언으로 "털, 털, 털"이라고만 말했고 아들은 짚신 만드는 비법을 정확히 알지 못했다.

아버지를 닮아 눈썰미가 있었던 아들은 아버지와 비슷한 모양과 훨씬 빠른 속도로 짚신을 만들었지만, 손님들은 아버지가 만든 것보다 못하다며 사 가지 않았다.

아들은 아버지의 짚신과 자신이 만든 짚신을 나란히 놓고 몇 날 며칠을 쳐다보다 비로소 아버지의 유언인 "털, 털, 털"의 의미를 깨닫게 되었다.

그것은 바로 짚신에 나 있는 잔털의 차이였다. 아버지의 것은 짚신을 꼬면서 사이사이에 새털, 토끼털 등을 넣었기 때문에 짚신이 부드럽고 겨울에는 따뜻했다. 이에 반해 자신의 것은 거칠게 마무리가 되어 있었던 것이다.

그 후로 아들은 아버지의 명성을 이어 훌륭한 짚신을 만들게 되었다고 한다.

갓난아기가 제일 먼저 하는 일은 무엇일까?

눈을 뜨고 세상과 마주하는 것이다. 그러다가 몸을 뒤집고 기고 아장아장 걷다가 뛰어다니기 시작한다. 처음부터 뛰는 사람은 없다. 이렇게 한 단계 한 단계 거쳐 성장해 가는 것이다.

우리 작은아이는 겁이 많아서 잘 기지도 못했다. 대신 엉덩이로 기었다. 한 다리를 올리고 중심을 잡아야 하니 한 다리는 쭉 펴서 엉덩이로 긴 것이다. 그러면 기는 것보다 빠를 수도 있고 팔꿈치와 무릎도 아프지 않다.

일어설 때도 처음에 아이들은 겁을 낸다. 잘 못 일어선다.

큰애는 10개월 때부터 걸었는데 작은애는 18개월인데도 못 걸었다. 18개월 지나고 나서야 어느 날 갑자기 벌떡 일어나 걷다가 뛰어다니기 시작했다. 걷기까지 18개월이란 시간이 걸린 것이다.

누구나 처음은 힘들다. 2002년 본사에 처음 발령받아 나갔을 때 나 또한 예외가 아니었다. 무얼 어떻게 해야 하는지 가르쳐 주는 사람이 없었다.

당시 집이 인천이어서 잠실까지 전철을 타고 가면 2시간 정도 걸렸고, 차를 가지고 나오면 출근시간을 피해 6시에는 나와야 7시쯤 회사에 도착할 수 있었다. 그래서 매일 6시에는 집에서 나왔다. 처음 발령이 났으니 일찍 가야겠다는 생각에서였다.

그때 내게 주어진 일은 재무관리였다. 그런데 본사에서 근무해 본 적도 없고 재무관리에 대해선 아는 것이 전무해서 막막하기만 했다. 컴퓨터를 뒤져봐도 참고할 만한 자료가 없었다. 지시는 떨어졌는데 경험도 없고 참고자료도 없으니 아무 일도 할 수 없었다. 이 때문에 보고서 못 만든다고 욕이란 욕은 다 듣고 직속상관은 내게 재떨이까지 던졌다.

기지도 못하는 아기에게 뛰라고 하는 것과 같았다. 누구나 처음은 어려운 것 아닌가. 처음부터 뛰는 사람이 어디 있겠는가.

지금 와서 보면 사실 보고서 만드는 건 별거 없다. 한 1, 2년 근무하면서 부서 상태 파악하고 데이터 보면 기존 직원들보다 더 빨리 잘할 수도 있는데, 무작정 처음부터 뛰라고만 하면 어떻게 하겠는가.

무엇이든 시간이 필요하고 차근차근 단계를 거쳐야 한다. 나도 그랬다. 그런데 우리 직원들은 내가 만능인 줄 안다. 지점장은 나처럼 다 잘하는 줄 알았다고 한다. 내가 얼마나 힘든 단계를 거쳤는지는 상상도 못 한다.

어느 회사든 신입 직원은 어린이집에 갓 들어온 어린아이와 같다. 대학교 졸업 후 갓 입사해서 계약이 뭔지도 모르는데 그런 신입에게 업무를 막 준다. 이제 막 어린이집 들어온 아이한테 미적분 풀라고 하는 꼴이다. 구구단도 못 외우고 2차 방정식도 못 푸는 아이한테 말이다. 말이 안 되는 일이다.

적어도 방향성이라도 가르치고, 뭘 재단해 주든가 해서 신입이 이해할 수 있도록 해줘야 하는데, 그런 것조차 없이 무조건 일만 주고 밀어붙이면 제대로 일할 수 없다.

본사에 근무하는 내내 보고서를 도맡았던 나도 처음에는 보고서 못 쓴다고 상사가 집어던진 재떨이에 맞을 뻔하지 않았는가.

마케팅도 마찬가지다. 짚신 장수가 그랬던 것처럼 영업비법

또한 남에게 절대 안 가르쳐 준다. 짚신 장수의 아들은 아버지의 유언을 통해 겨우 깨닫게 되었지만, 나는 마케팅을 할 때 100명 중 99명이 행간의 의미조차 제대로 이해 못 한다고 생각한다. 100명 중 한 명만이 행간을 읽고 자기 마케팅에 접목시킬 뿐이다.

보통 회계연도는 1월 1일부터 12월 31일까지로 잡는다. 그런데 이건 정하기 나름이다. 본사에 있을 때 오랫동안 회계 쪽과 재무관리 쪽을 담당해 봐서 잘 안다.

굳이 남들 다 하는 것처럼 1월 1일부터 시작할 필요는 없다. 7월 1일, 9월 1일, 10월 1일에 시작할 수도 있다. 법으로 정해진 것도 아닌데 남들과 똑같이 할 이유가 없는 것이다.

만약 회계연도 스타트를 10월 1일로 잡으면 시중은행은 연말쯤에는 그해 영업실적을 채워서 놀거나 손 놓고 있다. 그때 우리는 새로 시작해 한두 달 빵빵하게 밀어붙이면 완전히 거저 먹을 수 있다.

회계연도 하나만 바꿔줘도 이처럼 엄청난 이익인데 이런 영업의 비법을 가르쳐 주는 사람이 없다. 영업의 비법은 아무도 가르쳐 주지 않는다.

그러나 행간의 의미를 읽고 작은 생각의 전환을 통해 자신만의 비법을 만들어 가게 되면, 이 비법들이야말로 마케팅에 있어 성공과 실패를 가름함을 기억하자.

머리 검은 짐승 가르치려 하지 마라

요즘 직원들은 똑똑한 면도 많다.
그러니 가르치려 들지 말라.
다만 직원이 문의할 때 답해 주고 가르쳐 주면 된다.

본사에서 200억짜리 IFRS(국제회계기준) 전산시스템을 개발할 무렵이다.

수협은행은 K–GAAP이라고 하는 한국회계기준을 적용하고 있었다. 그것이 2011년부터 국제회계기준IFRS으로 바뀌었는데 국가에서 회계의 투명성, 객관성을 높이기 위해 IFRS로 바꾼 것이다.

그러다 보니 회계인식 기준이 많이 달랐다. 수익 인식 기준이라든가 비용 처리 기준, 재무제표 작성 방법도 전부 달랐다.

이 때문에 기존 시스템에 있는 것을 싹 다 뜯어고쳐야 했는데, 이게 보통 작업이 아니었다. 전임자가 1년, 내가 2년 총 3년 동안 이 프로젝트를 수행했고, LG CNS, LG 히타치, 누리 솔루션 등의 관련 업체 등과 삼일회계법인 회계사들까지 거의 60명 가까운 사람들이 함께 협업하며 시스템을 개발해 나갔다.

IT시스템 개발은 빌딩을 신축하는 것과 동일하다.

건물을 신축할 때 설계자, 감리자, 토목, 골조, 인테리어 등 등 많은 사람이 모여 하나의 목표를 위해 일한다. 그러므로 무엇보다 톱니바퀴처럼 이가 서로 맞물려 돌아가야 한다. 누구하나 중간에 삐그러지면 연결이 안 된다. 나사를 조이듯이 딱 맞춰줘야 부드럽게 연결되는 것이다.

그다음에는 개념을 정리해서 어떻게 맞출 것이냐부터 이 기계는 이렇게 맞추고 저 기계는 저렇게, 또 이 기계는 이런 특성이 있으니까 이렇게 돌아와서 맞추고, 이런 것들을 다 재단해 주어야 했기 때문에 일이 엄청 많았다.

즉 빌딩을 튼튼하게 잘 지어야 한다는 전제는 있으나 잘하기 위해서 어떤 과정을 거쳐야 하는지에 대한 정답은 없었다.

그래서 60명을 모아놓고 매일 아침 회의를 했다. 회의 시간에 재무관리를 12년 한 내가 설명하면, 거짓말 안 하고 60명 중 딱 한 사람만 알아들었다. 그 외 사람들은 다른 데만 쳐다보거나 딴짓을 하고 있었다. 이해했느냐고 물어도 대답이 없었다.

사실 직원들 중에는 재무관리에 대해 이건 이렇게 하고 저

건 저렇게 하라고 가르쳐 주어도 말귀를 못 알아듣는 직원이 더 많다. 게다가 뭘 지시하면 욕부터 한다. 물론 내 앞에선 안 하고 뒤에 가서 한다.

"대체 저 인간은 누굴 위해 저렇게 열심히 일하지?"

"자기가 뭔데?"

"승진하려고 저러는 거지 뭐" 등등.

나는 이 때문에 노조위원장한테 왜 여러 사람 피곤하게 만드냐고 경고까지 받았다. 고생은 고생대로 다 하고서 욕만 먹은 꼴이다.

당시 내가 열심히 한 이유는 단순명료하다. 이 시스템이라는 것은 한번 만들면 평생을 가는 것이다. 조직에 몸담은 이상 나에게는 정확하게 만들 의무와 책임이 있었다. 시스템 자체가 잘못 만들어지면 또 뒤에 가서 욕할 것 아닌가.

"대체 어떤 놈이 이런 개판 시스템을 만들었어?"

나중에라도 이런 얘기가 들려오는 것이 진짜 싫었다. 그래서 내가 할 수 있는 최선을 다해 잘 만들려고 노력했고 '패키지package'로 계약된 시스템에도 필요한 기능들을 다 넣기 위해 동분서주했다.

솔직히 프로젝트를 시작할 때만 해도 이리 험난한 일이 될 것이라고는 예상하지 못했다. 보통 전자제품 하나 사서 코드만 꽂으면 되는 것처럼 그런 일인 줄 알았는데, 시스템 자체가 소프트웨어이다 보니 우리에게 맞게 조정해서 이걸 하나하나 다 연결해 주어야 했다.

그러니 일이 많을 수밖에 없었고, 고생은 고생대로 하면서도 좋은 소리는 못 들으니 한편으로는 내가 이게 뭐 하는 짓인가 싶었다.

이런 일들을 경험한 후 영업점으로 나왔을 때 직원관리를 어떻게 할지 고민을 참 많이 했다.

여러 번의 시행착오를 거쳐 의정부, 압구정 지점장으로 근무할 때는 직원들이 나를 무척 좋아했다.

그간에 경험한 것을 토대로 사람은 안 바뀌니 목표점(크리크)만 약간 조정해 주었는데 이것이 답이었다. 총의 가늠자에는 상하좌우 방향의 크리크click가 있다. 즉 나 자신이 아니라 지향하는 목표를 약간 수정한 것이다. 그랬더니 직원들이 잘 따라왔다.

내가 크리크를 바꾸게 된 계기는 의정부 지점장 때의 경험에서 비롯되었다. 지점장으로는 첫 부임이라 직원관리에도 의욕을 보였는데, 가르치려고 하면 바로 갑질 얘기부터 나왔다. 그래서 스트레스도 많이 받았다.

하루는 출근길에 집이 송파여서 강변북로를 타고 가다가 구리IC로 진입해 미사리 쪽으로 접어들었다. 팔당댐 아래 물안

개가 피어나고 호숫가에 버드나무 늘어진 아침 풍경이 그야말로 예술이었다. 그동안 일에 치여 까맣게 잊고 있던 자연의 아름다움이 새삼 가슴에 콕 박혔다.

'아, 살다 보니 이렇게 예쁜 풍경과 만나기도 하는구나. 인생도 이렇게 예쁠 수가 있구나!'

자동차를 운전하고 가다 보면 수락산, 도봉산이 또 눈앞에 펼쳐진다. 봄, 여름, 가을, 겨울 그 자체가 풍경화처럼 느껴졌다. 계절 따라 바뀌는 자연의 수채화가 고개만 돌리면 바로 그곳에 있었는데, 너무 앞만 보고 가다 보니 미처 깨닫지 못했던 것이다.

인생도 그렇지 않은가. 소중한 것은 항상 늦게 깨닫는다. 내 가까이 있는 것부터 아끼고 사랑해야 하리라.

이후로는 일상에서 지치고 힘들거나 직원들에게 상처받을 때마다 일부로 그곳을 거쳐 출근하면서 스스로 다짐한다.

'오늘 아름다운 수채화를 보았으니 지점에 출근하면 열 마디 할 것 딱! 한마디만 해야지….'

내 자식도 내 맘대로 되지 않는 세상이다. 가르치려 들지 말라. 잔소리는 잔소리일 뿐이다.

나도 더 젊었을 때는 상관의 훈계가 마음에 와닿지 않았다. 게다가 요즘 젊은 직원들은 나보다 더 똑똑한 편이다.

다만 직원이 문의할 때는 성실하게 답해 주자. 그들이 정말로 필요로 할 때 가려운 곳을 긁어 주는 짧고 굵은 한마디! 그 것으로 충분하다.

글로벌 CEO의 긍정 메시지

· 구두끈이 풀렸는지도 모른 채 앞만 보고 뛴다면 1등을 할 수 있을까? 가끔은 아래를 보며 구두끈을 점검할 필요가 있다.

· 무언가를 시작하려 할 때, 그 꿈을 꿀 수 있는 용기만 있다면 그 즉시 시작하라.

· 성공은 매일 조금씩 성취해 나가는 것이다. 결과를 당연히 여기지 않고 가치를 부여하는 것, 스스로를 믿는 것, 자신을 희생하는 것, 용기를 갖는 것, 거기에 성공이 있다.

· 좋은 기회는 언제나 어려운 경제 상황에서 만들어진다.

· 나는 매일 다른 사람들과 점심식사를 한다. 세일즈맨으로 시작한 사회생활 속에서 사람들과 대화하는 법을 배웠다. 매일 다른 사람들과 점심식사를 하면서 귀를 기울이는 것을.

· 꼼짝할 수 없는 상황에서 모든 일이 불리하게 펼쳐져 더는 1분도 버틸 수 없을 것 같더라도 절대 포기하지 마라. 바로 그때 흐름이 바뀔 테니.

– 하워드 슐츠(전 스타벅스 CEO)

17

홍시는 만들어 먹어야 한다

마케팅을 잘하려면?
첫째, 정글 숲에 나아가서 부딪쳐 보고
둘째, 감나무 찾는 방법을 깨우치고
셋째, 홍시를 먹고 싶을 때 먹을 수 있도록 미리미리 준비해야 한다.

○○년 하반기 부지점장, RM지점장, 팀장이 바뀌었다. 우리 지점 내 허리 역할을 하던 팀원의 공백이 생긴 것이다.

처음 나와 같이 일하는 직원들은 저마다 "마케팅은 어떻게 해야 하는지?" 묻는다. "결과물을 어떻게 만들어 내야 하는지?" 그 방법을 묻는다.

그러면 나는 "어떻게 출발할 것인지?" 되묻곤 한다.

시작은 모두가 어려운 것이다. 처음부터 잘하는 사람은 없다. 먼저 다방면으로 노력해 보고 가슴으로 부딪쳐 해봐야 내가 이야기하는 것을 알아들을 수 있다.

직원들 대부분이 마케팅하려고 하면 난색부터 표한다.

"선배들이, 동료 지점장들이 다 선점하고 있어서 어려워요."

하지만 방법을 찾아보고 노력하면 나만의 길을 만들 수 있다. 그래야만 다른 동료 직원과 차별화된 마케팅 길을 걸어갈 수 있는 것이다.

우리는 흔히 마케팅을 잘하는 직원들을 많이 볼 수 있다. 하지만 그들은 잘하는 비법이나 노하우를 가르쳐 주지 않는다. 나 역시도 처음 마케팅할 때 아무도 방법을 가르쳐 주지 않았다.

"그냥 한번 부딪쳐 봐~ 그러면 훗날 깨달음이 있을 것이야" 라고만 그 친구들이 말해 주었다.

그때의 막막했던 경험이 사무쳐서일까. 나는 후배들에게 감 중에서 말랑말랑하게 잘 익은 홍시를 만들어 먹는 방법을 이렇게 알려준다.

일단 감나무를 찾으려면 제일 먼저 정글 숲에 나아가서 부딪쳐 봐야 한다.

좌충우돌하면서 '정글이 이런 곳이구나' 하는 깨달음이 있어야 그다음 내가 가르쳐 주는 '마케팅 노하우 및 비법이 소중한 것이구나'를 알아챌 수 있는 것이다.

쉽게 배우거나 머리로 이해한 것은 그냥 나를 지나쳐 갈 수 있다고 본다. 예부터 내려오는 속담/격언 등이 우리가 살아가는 방법을 잘 표현하고 있는데도, 사람들 대부분이 자신과는 별 상관없는 단순한 속담으로만 치부하고 마는 것처럼 말이다.

예를 들어보자. 우리네 인생뿐 아니라 마케팅과 연관 지을 수 있는 속담도 무척 많다.

"있을 때 아껴야지 없으면 아낄 것도 없다." "뜻이 있는 곳에 길이 있다." "같은 값이면 다홍치마" "달도 차면 기운다." "있는 것은 모으고 없는 것은 헤프다." "누이 좋고 매부 좋다." "공든 탑이 무너지랴." 등등.

두 번째 단계로는 감나무를 찾는 방법을 가르쳐 준다.

감나무는 어떻게 찾을 것인가? 정글 숲에는 각양각색의 나무들이 자라고 있다. 그 속에서 내게 필요한 감나무를 찾는 것이 쉽지만은 않다.

하지만 달리 생각해 보라. 직원들 중에 감나무를 잘 찾는 직원이 있고 감나무 중에서도 대봉 감나무를 잘 찾는 사람, 단감나무를 잘 찾는 사람, 산 감나무를 잘 찾는 사람 등 여러 종류가 있다. 그들 역시 감나무 찾는 노하우는 잘 말해 주지 않는다. 그렇다고 포기할 수는 없을 것이다.

감나무를 찾는 방법도 처음 묘목을 심은 사람을 통해 찾을 수도 있고, 약초를 찾아 산을 헤매는 사람을 통해서 찾을 수도 있으며, 마을주민을 통해서도 정보를 캐치할 수 있을 것이다. 여기서 언급하지 않는 수많은 방법을 동원할 수도 있다.

이렇게 감나무를 예를 들어 말하면서 나는 팀원들에게 말해 주었다.

"여신 서류철을 봤나요? 거기에 보면 매매계약서가 있어요. 다들 봤을 거예요. 매매계약서에는 어떤 내용이 있나요? 매매 관련 계약금, 중도금, 잔금, 매도인… 등등이 있잖아요. 또 어떤 내용이 있나요? 제일 중요한 것은 부동산중개인에 대한 것이에요. 매도인을 중개한 매도중개인과 매수인을 중개한 매수 중개인이 있어요. 이분들이 왜 중요할까요?"

내 물음에 선뜻 대답하는 팀원은 없었다.

"그것은 첫째, 부동산중개인은 반드시 금융과 엮여 있는 사람이란 거예요. 이런 사람들을 통해서 대출이 필요한 사람을 소개받게 될 확률이 높다는 거예요. 둘째, 대출서류에 있는 부동산중개인은 수협은행과 한번 거래를 해보았기 때문에 수협은행의 장점도 잘 이해하고 있다는 점이에요. 때문에 이런 사람을 통해 대출 거래처를 소개받으면 실패 확률이 낮은 거예요."

잠시 사이를 두었다가 내가 말을 이었다.

"셋째, 부동산중개인도 각자 주특기가 있어요. 빌딩만 하는 중개인, 아파트만 주로 하는 중개인, 토지만 하는 중개인, 모텔만 하는 중개인 등등. 동료들이 마케팅 노하우 및 비법을 가르쳐 주지 않아도 매매계약서만 여러 개 찾아도 내가 필요한 감나무를 얼마든지 찾아낼 수 있다는 얘기예요."

팀원들이 내 말 한마디 한마디에 귀를 쫑긋 세웠다. 좀처럼 습득할 수 없는 마케팅 비법을 누구나 이해하기 쉽게 설명하기 때문이리라.

마지막으로 감나무를 찾는 방법을 알아냈으면 그다음으로는 감나무 주인을 찾아 홍시를 먹을 수 있도록 만드는 것이다.
내가 홍시를 먹고 싶을 때 먹을 수 있도록 방법을 고안해야 하는 것이다.
수협은행의 특성, 타 은행에 비해 비교 우위에 있는 것을 설명하고 내가 홍시를 먹고 싶을 때 먹을 수 있도록 미리미리 준비해야 한다.

18

조그만 차이가
마케팅의 성공과 실패를 가른다

작은 차이가 명품을 만드는 것처럼 모든 것이 종이 한 장 차이다.
종이 한 장 차이는 곧 승리의 차이이기도 하다.
마케팅도 마찬가지다. 조그만 차이가 마케팅의 성패를 가를 수 있다.

○○지점에는 중도금대출이 많이 있다.

수협은행이 수분양자 고객의 기본정보(전화번호, 직업 등)를 모두 보유하고 있어 적절히 고객 대응 방안을 마련한 경우, 또는 시장 상황에 따라 타 은행에 비해 잔금대출을 통한 마케팅이 용이한 경우가 있다.

금융시장 상황이 좋은 경우에는 1금융 기관이 대출금리를 저리로 제시하기 때문에 어렵고, 저축은행 등 2금융 기관도 대출한도를 크게 제시함으로써 수협은행에 비해 비교 우위를 점유하는 경우가 많이 있어, 고객정보를 가지고 있다고 해서 꼭 유리한 것은 아니다.

따라서 이러한 금융시장 상황을 잘 판단하여 마케팅을 어떻게 할 것인가를 결정하고 적절한 대응 방안을 마련해야 한다.

○○년 하반기부터 미국 금리인상 등으로 유동성이 부족해 지면서 시중은행 및 2금융권은 대출을 중단하기 시작했다.

이러한 점을 보았을 때 우리 지점에서 취급했던 과천지역에 있는 오피스텔 및 섹션오피스의 잔금시기가 도래한 것은 가시적 성과를 거둘 수 있는 절호의 기회로 판단하였다. 먼저 금융시장 상황을 예상하고 하반기 동 사업장에 대한 잔금대출 한도를 본사와 협의하여 200억 원을 미리 확보한 상태였다.

잔금대출을 하면 대출금액이 증가되고, 화재보험 및 신용카드 회원 확대, 고객기반 확대 등을 통해 상품판매가 활성화되어 성과평가에 크게 도움이 된다.

그래서 직원들과 협의하여 대출안내장을 잘 만들도록 지시했다. 하지만 처음부터 직원들의 반대에 부딪혔다. 내가 보기엔 대출안내장은 너무 형식적으로 만들어지기 때문에, 고객이 한눈에 이해하기 곤란한 점이 많았다. 이런 이유로 기존 안내장과는 다른 대안을 제시했다.

첫째, 대출상담 요약이라는 쪽지를 붙이도록 했다.

둘째, 고객들이 반드시 읽을 수 있도록 잔금전환 시 이자납부 안내장을 첨부하도록 했다.

그런데 지점 내부에서 반대의견을 제시했다. 그 이유는,

첫 번째, 고객에게 보내는 팸플릿에 요약자료를 첨부하는 것은 불법광고물에 해당된다.

두 번째, 대출상담 내용에 "분양대금의 120%까지 대출검토 가능"이라는 문구가 과장광고에 해당된다.

반대하는 이유를 듣고 나는 가슴이 답답해졌다. 어떻게든 고객의 이해를 돕기 위해 노력할 생각을 하기보단 마치 반대를 위한 반대를 하는 듯했다. 정확한 상황을 알기 위해 회의시간에 이 건을 담당한 ○○○ 팀장에게 물었다.

"팀장님, 그럼 위 지점장이 제시한 내용에 대해 상위부서와 협의해 보았어요?"

"아뇨. 저희들 자체 판단에 의한 것이에요."

어떻게 상위부서와 협의해 보지도 않고 안 된다고만 하는가? 지점장이 고객을 위한 대안을 제시했으면 적어도 해 보려는 성의는 보여야 하지 않는가?

나는 즉시 회의를 중단하고 스피커폰을 통해 담당 부서 팀장과 통화를 했다.

본사 담당 팀장으로부터 "요약 첨부자료는 지점장의 재량에 의한 것으로 불법광고물에 해당하지 않는다"라는 유권해석을 받았다.

또한 분양대금의 120%는 100%까지 검토 가능하다는 ○○○ 팀장의 의견을 받아들여 요약자료를 붙이기로 했다.

이후 지점 직원들에게 고객들에게 우편물을 어떻게 발송할 것인지를 체크해 보았다.

그랬더니 〈발신인 수협은행, 수신인 ○○○ 고객님〉으로 보내겠다는 것이 아닌가.

"팀장님, 혹시 집에 금융기관 우편물이 오면 어떻게 합니까?"

"그냥 쓰레기통에 넣습니다."

"그러면 우리 우편물도 그냥 쓰레기통으로 직통할 것인데 고객이 꼼꼼히 읽어볼 수 있을 방안은 없나요?"

"……."

내 물음에 묵묵부답이어서 다시 대안을 제시했다.

"〈발신인 수협은행, 수신인 ○○○ 고객님〉 그리고 그 중간에 견출지로 〈잔금전환 시 이자납부 안내〉를 첨부하면 어떨까요?"

"아, 네. 그렇게 하면 100% 고객이 읽을 것 같네요."

조금만 생각을 달리하면 얼마든지 답이 있는 것인데 왜 이렇게 어렵게만 생각하는지 씁쓸한 생각이 들었다.

내 예상은 어느 정도 적중했다. 고객이 한눈에 볼 수 있게 만든 새 우편물을 발송했더니 잔금대출 문의가 수없이 왔다.

하지만 직원들이 업무하는 상황을 지켜보니 고객들과 대출 상담만 하고 고객을 그냥 돌려보내고 있었다. 아무래도 안 되겠다 싶어, 일일이 코치하기로 했다.

잔금대출 상담 고객이 먼저 통장과 신용카드를 만든 후 잔금대출 상담을 진행하도록 유도했다.

상담이 끝나면 대출약정서를 작성하면서 잔금 시 필요한 취·등록세, 대출금 외 본인부담금을 수협은행 통장에 입금하도록 지시했다.

이를 통해 잔금일에 대한 직원과 고객과의 원활한 업무처리를 도모할 것으로 기대된다.

작은 차이가 명품을 만든다는 한 전자 회사의 광고문구처럼 명품과 제품, 비범과 평범, 자신감과 자만, 참조와 표절, 발효와 부패, 예술과 외설 등등 모든 것이 종이 한 장 차이다. 종이 한 장 차이는 곧 승리의 차이이기도 하다.

마케팅도 마찬가지다. 작은 차이가 고객들에게는 큰 차이로 다가갈 수 있고, 큰 변화를 일으킬 수도 있다. 잊지 말자, 조그만 차이가 마케팅의 성패를 가를 수 있음을!

PART 3

자기 관리
Self management

"발전하는 것은 변화하는 것이다.
완벽해지려면 끊임없이 자주 변화해야 한다."

– 윈스턴 처칠(전 영국 총리) –

"우리의 가장 큰 약점은 포기하는 것이다.
성공하기 위한 가장 확실한 방법은
항상 한 번만 더 시도해 보는 것이다."

– 토마슨 에디슨(미국 발명가) –

"재물을 직접 만들지 않은 사람이 소비할 권리가 없는 것처럼
행복을 직접 만들지 않은 사람도 행복을 누릴 권리가 없다."

– 조지 버나드 쇼(아일랜드 극작가) –

"여러분은 삶을 돌아보며

'그때 그걸 했더라면…'이라고 말하고 싶습니까?

아니면 '그때 그걸 하길 잘했다'라고 말하고 싶습니까?"

– 지그 지글러(미국 작가/세일즈맨) –

"인생에서 한계는 없습니다.

여러분 자신이 만드는 한계만 제외한다면."

– 레스 브라운(전 미국 하원의원) –

"대성당을 짓든지 닭장을 만들든지 간에

모든 일에는 계획이 있어야 합니다.

계획이 없다면 죽는 순간까지 뒤로 미루는 삶을 살게 될 것입니다."

– 존 고다드(미국 모험가/작가) –

01

때가 되면 요청하라

때라는 것은 누구에게나 소중하고 매우 중요하다.
집을 팔고 살 때도, 주식을 할 때도, KPI도,
어떤 때가 됐을 때 하는 것이다.

나는 2011년 IFRS 원문 개정에 일익을 담당한 바 있다.
IFRS란 International Financial Reporting Standards의
약자로 국제회계기준을 의미한다.

이 무렵 상장사, 은행, 주요 공공기관들은 국제회계기준 적
용이 의무화되었으나 수협은 아직 적용하지 못한 상황이었다.

외환위기 이후 2001년 정부로부터 수협은 1조 1,581억 원
의 공적 자금을 우선주로 받았다. 보통주와는 달리 우선주는
상환 의무가 있다. 상환 의무가 있으면 사실 이것은 부채나 다
름없다. 수협은 특히 협동조합이다 보니 비상장 회사다. 이
때문에 정부에서 공적자금을 줄 때 상환 의무가 있는 우선주
형태로 준 것이다.

우선주는 로컬회계기준에서는 자본으로 인정받을 수 있어

도 국제회계기준에서는 인정받지 못한다. 결국 은행에 자본이 없으면 영업을 못 하게 된다.

이를 타개하는 방법에는 두 가지가 있다. 정부에게 상환 의무가 없는 보통주로 전환하거나 또는 국제회계기준의 예외 규정을 만드는 것이었다.

그때 당시 나는 ○○○억짜리 IFRS 시스템을 구축하는 프로젝트의 최고 책임자였다. 그런데 시스템을 구축할 때 회계기준서 상 예외규정이 만들어지지 않으면 재무제표를 확정할 수가 없다. 그래서 IFRS의 예외규정을 만들어서 개정하려고 했던 것이다.

예외규정을 만들려면 관계부처인 금감원, 금융위, 회계기준원 등의 협조가 절실했다. 하루가 멀다 하고 열심히 찾아갔다. 직접 가서 상황을 설명하면 어느 곳 할 것 없이 내게 "미친놈"이라고 했다. IFRS 위원회(보드)는 영국에 있다. 제/개정권이 영국에 있다는 의미다. 우리나라 회계기준을 개정하는 것도 쉽지 않은데 하물며 영국에 있는 국제회계기준을 어떻게 개정하느냐는 것이었다.

미친놈 소리를 듣든 말든 어쨌든 열심히 쫓아다녔다. 그러나 별 소득을 얻지 못해 마침 회계기준원 원장님과 친분이 있던 행장님께 SOS를 쳤다.

그랬더니 행장님 말씀,

"지금은 할 수 있는 대로 열심히 해보고 때가 되면 나에게 얘기해."

아직은 때가 아니다, 도와줄 때가 되면 그때 도와주겠다는 의미였다.

더 열심히 할 수밖에 없었다. 당시 삼일회계법인이 우리 시스템 구축 컨설팅을 해주고 있었다. 그들과 함께 다시 회계기준원을 찾아가 IFRS를 개정하려는데 좀 도와달라고 요청했다. 그 자리에서 들은 말이 아직도 기억에 남는다.

"우리 회계기준원 직원들 월급은 상장사에서 줍니다. 당신들은 상장사도 아닌데 우리가 왜 도와줘야 합니까?"

속된 말로 개무시 당한 것이다. 그래도 포기할 수 없었다. ○○○억짜리 시스템을 구축하는데 IFRS 개정이 안 되면 끝을 못 내기 때문에 다시 행장님께 쫓아갔다.

"회계기준원 갔더니 문전박대만 당했습니다. 행장님께서 친구분인 회계기준원 원장님께 우리 얘기 좀 들어봐 달라고 한 마디 해주시면 안 될까요?"

"아직 때가 안 됐으니 더 열심히 해봐. 때가 되면 그때 얘기해."

할 수 없이 다시 회계기준원에 가서 매달렸다. 수십 번을 한 달 내내 찾아가 우리 얘기 좀 들어봐 달라고 부탁했더니 일단 들어오라고 했다. 들어가서 현 상황을 설명하고 정중하게 부탁했다.

"수협이 공적자금을 우선주로 받아서 IFRS 상 공정가치 평가 문제가 생기고 재무제표를 확정 못 하고 있습니다. 그러니 회계기준원에서 연구하여 IFRS 예외 규정을 만들어 주면 좋겠습니다."

회계기준원 측에서는 무슨 말인지는 알겠으나 자기들은 시간도 없고 여력도 없어서 해줄 수 없다면서, 그래도 정 하고 싶으면 수협은행 쪽에서 논리를 만들라고 했다. 회계기준원은 우리나라에서 가장 권위 있는 곳이고 매일 회계기준서를 연구하고 해석하고 만들어 내는 전문가들인데, 거기서 못 한다고 하니 눈앞이 캄캄해졌다.

그 길로 행장님을 또 찾아갔다. 하지만 돌아온 대답은 여전히 "때가 되면 얘기하고 열심히 하라"는 말씀뿐이었다.

그날 이후 삼일회계법인 직원들과 날밤을 새우며 연구에 돌입했다. 한 달쯤 지났을까. 처음에는 막막하기만 했는데 죽기 살기로 매달리다 보니 조금씩 길이 보였다.

법을 개정하든 어떤 기준을 새로 만들든 경과규정이란 것을 만든다. 경과규정을 만들면 그것에 예외규정을 넣어놓아야 한다. IFRS를 처음부터 쭉 검토하다 보니 유럽은 이 경과규정이 처음에는 없었던 것을 발견하게 되었다. 유럽은 2005년에

IFRS을 도입했는데 거기에는 경과규정에 예외규정이 포함되어 있었다. 우리나라를 비롯한 아시아, 아프리카 국가는 그보다 4, 5년 후에 도입했는데 여기에는 예외규정이 포함되어 있지 않았다. 이것을 발견한 것이다.

이를 바탕으로 IFRS 원문 개정의 논리를 만든 후 다시 회계기준원으로 쫓아갔다. 우리가 발견한 사실을 설명한 후 유럽이 아닌 후발 도입국가들에게는 불공평한 사안이니 이를 어필하면 개정할 수 있을 것 같다고 강조했다.

회계기준원 측의 반응도 긍정적이었으나 현실적으로 자기들이 언제 도와줄 수 있을지는 장담할 수 없다고 했다.

우리 입장에서는 시스템 구축을 1년 안에 끝내야 하므로 회계기준원 측의 답변에 실망할 수밖에 없었다. 다시 행장님을 찾아가 호소했다.

"논리까지 우리가 준비해서 가져갔는데 회계기준원 측에서는 언제 될지 모르겠다고 합니다. 어떻게 해야 합니까?"

이번에도 돌아온 답변은 같았다.

"아직도 때가 아냐. 열심히 해봐. 때가 되면 얘기해."

도대체 그 '때'라는 건 언제 오는 것인가???

어쨌든 결국 매달릴 곳이라곤 회계기준원밖에 없었다. 수시로 담당 팀장과 담당 연구원에게 전화하여 하루라도 빨리 시스템 구축을 끝내야 하니 도와달라고 요청했다. 담당자들은 무슨 말인지 알았으니까 기다리라고만 했다. 그래도 처음에 비하면 진일보한 것이다.

그러던 중 IFRS 관련해서 동남아에서 세미나가 열렸는데, 한국 쪽 회계기준원에서 주제 발표를 할 때 우리가 발견했던 사안을 가지고 포인트를 짚었다고 한다.

"유럽 쪽에 제정 권한이 있다고 해도 후발 도입국가에게 불이익을 주어서는 안 된다. 유럽과 문화적 차이도 있고 회계적으로 인식의 차이도 있는데 그런 부분을 감안해 주어야 한다. 유럽 쪽에만 경과규정 만들어 주고 후발 도입국가에게는 안 만들어 주면 형평성에 어긋난다"라는 내용이었다.

주제 발표가 끝나자 후발 도입국가들 특히 아프리카 쪽에서 한국 사람들이 진짜 똑똑하다며 박수를 치고 환호성을 질렀다고 한다. 유럽 쪽에서 실수한 것이 만천하에 드러나 결국에는 자신들의 실수를 인정하게 할 만큼 획기적인 것이었다는 후문이다.

이 얘기를 듣고 난 후 행장님한테 가서 한 번 더 읍소했다.

"회계기준원 사람들이 우리가 발견한 것을 가지고 세미나에서 주제 발표를 하여 큰 반향을 일으켰다고 합니다. 이제는 회계기준원도 협조할 것 같고, 우리 컨설팅 기간도 얼마 안 남았으니 행장님께서 좀 서둘러 달라고 한마디 해주시면 안 되겠습니까?"

그러나 이번에도 같은 대답이었다.

"때가 되면 얘기해."

세미나 후 우리의 논리가 받아들여져 3년 되어도 될 둥 말 둥 한 일이 단 7개월 만에 IFRS 원문 개정에 성공할 수 있었다. 업계가 아닌 개별 회사 건의로 개정된 최초의 사례였다.

그런데 원문이 개정된다고 우리가 바로 적용할 수 있는 건 아니다. 우리나라에서 채택하려면 한국에 맞게 번역하여 바꿔주어 적합성을 인정받아야 한다. 그래야 우리가 쓸 수 있다.

어쨌든 유럽 보드가 개정되었으니 우리 것도 빨리 개정해야 컨설팅을 끝낼 수 있었다. 다시 행장님에게 갔다.

"유럽 IFRS 개정되었다고 하니 한국 채택 IFRS 기준서도 빨리 고쳐주어야 하는데 안 고쳐줍니다."

"때가 되면 말해. 너희가 더 해봐."

이후에도 회계기준원 문턱이 닳도록 드나들었고, 그런 노력 덕분인지 결국 6개월 만에 개정이 됐다. 총 14~15개월 만에 이룬 성과였다.

"행장님, 다 됐습니다. 회계기준서가 변경되어 IFRS 시스템 구축 및 재무제표 확정하는 데는 큰 문제 없을 것 같습니다."

그제야 비로소 행장님이 말씀하셨다.

"자, 이제 때가 됐으니 밥 먹게 날 잡아."

이때 나는 절감했다. 위로 올라갈수록 자기 손에 피를 안 묻히려 하고 누구한테도 아쉬운 소리 하지 않는다는 것을.

사실 어떤 것이든 이 타이밍, 즉 때라는 것은 누구에게나 소중하고 매우 중요하다. 집을 팔고 살 때도, 주식을 할 때도 그렇고, KPI도 어떤 때가 됐을 때 하는 것이다.

물론 지금 내가 말하는 '때'와 행장님이 말한 '때'는 다른 종류의 것이지만 말이다.

02

사표의 전말

정부에서 공적자금을 지원받으려면 벼랑 끝 전술을 펼쳐야 한다.

"정부에서 도와주지 않으면 우리 회사는 망한다."

이것이 기본 전술이다. 정부에서 예산 쓸 데도 많은데, 정말로 절박하지 않은 곳에는 잘 주지 않기 때문이다.

즉 수협의 경우 공적자금 1조 1,581억을 우선주 형태로 받았는데 국제회계기준을 적용하면 상환의 의무가 있다 보니 자본이 하나도 없게 되어 BIS(기준자기자본비율)가 0%고, 그렇게 되면 뱅크런Bank-run이 나서 망할 수밖에 없다. 그러니 도와달라고 어필하는 것이다.

어쨌든 우리가 받은 공적자금 1조 1,581억을 적정 자본으로 바꾸기 위해서 출연근거도 만들고 정부예산도 더 받으려고 국회도 많이 다니면서 노력했는데 별다른 진척이 없는 상태였다.

그러던 중 어느 날 B국회의원에게서 전화가 왔다. B는 은행을 관할하는 정무위원회 소속 국회의원이었다.

"수협 얘기를 들어보니 문제가 많다던데, 정부예산 받을 수 있도록 내가 도와줄 테니 직접 와서 설명해 봐요."

정무위원회는 우리 상급기관은 아니었지만 한 명이라도 더 우리 편이 되면 좋다는 생각에서 보고서를 만들어 B국회의원실을 방문해 현 상황을 설명했다. 설명을 끝내고 나니 B의원이 잘 들었다면서 자기가 도와주겠다고 했다.

그런데 다음날 전화가 왔다. 자기한테 설명한 내용이 담긴 보고서를 컴퓨터 워드 파일로 주면 안 되겠느냐고 부탁했다. 일단 상급자에게 물어보겠다고 하고 전화를 끊었다. 윗선에 물어보니 줘도 상관없다고 하여 B의원에게 파일을 보내주었다.

이틀쯤 지났을까. 경제신문 기자에게 전화가 왔다. 자기가 원고를 탈고해야 되는데 내용이 맞는지 확인 좀 해달라는 것이었다. 그런데 원고 제목을 보는 순간 너무 놀라, 말도 제대로 안 나왔다. 1면에 실릴 기사였는데 헤드라인이 「수협은행 망한다」였다. 만약 이대로 기사가 실린다면 우리 고객들은 동요할 수밖에 없고 그 길로 "수협 망한다니까 돈 다 빼줘" 할 것 아닌가. 보통 큰일이 아니었다.

바로 팀장한테 보고했다. 팀장은 부장한테 보고하고 부장은 다시 행장한테 보고했다. 행장이 노발대발하면서 소리쳤다.

"미친 ××들, 도대체 뭔 일을 하고 다니는 거야? 책임져. 대체 어떤 ××가 한 거야? 이 기사 삭제하지 않으면 잘릴 줄 알아!!"

졸지에 제일 아랫사람인 내가 다 뒤집어쓰게 생긴 것이다. 삭제 안 되면 나한테 사표를 쓰라고 했다.

아니, 내가 무슨 죄란 말인가? B의원 만나러 갈 때도, 파일을 줄 때도 다 윗선에 보고하고 허락받고 줬는데 왜 나한테 책임지라는 건가….

억울하고 분통이 터졌으나 사표를 쓰지 않으려면 어떻게든 1면에 실리는 것을 막아야 했다. 광고를 주면서 기자들을 관리하는 우리 회사 홍보팀에게 1면 기사를 뺄 수 있는지 물어봤다. 그랬더니 1면에 올라가는 건 광고를 넣어도 뺄 수 없다고 했다. 그때부터 부리나케 전화를 돌렸다. 제일 먼저 문제의 신문기자에게 전화했다.

"기자님, 이런 식으로 제목을 뽑아내면 내 신상에 큰 문제가 됩니다. 저더러 사표 쓰란 얘깁니까?"

"아니, 난 B의원실에서 준 대로 그냥 쓴 것뿐이에요. 난 모르겠으니 의원실에 전화해요."

B의원실에 전화했다.

"의원님, 이렇게 하시면 어떻게 하십니까?"

"내가 쓴 것도 아니고 기자가 썼잖아. 왜 나한테 그래? 기자한테 얘기해.”

위에서는 나한테 개새끼 소새끼 하면서 막 사표 쓰라고 하지, 신문기자와 국회의원 붙들고 통사정해 봐야 소용은 없지…. 가슴이 옥죄어 오고 목이 바짝바짝 타들어 갔다. 새벽 2시까지 이쪽저쪽 다 알아봐도 좀처럼 해결될 기미가 보이지 않았다.

‘내 잘못도 아닌 일에 결국 내가 희생되고 마는 건가… 이런 게 세상인가….’

더 이상은 안 되겠다 싶었다. 포기할 수밖에 없었다. 그래서 진짜로 사표를 써놓고 거의 뜬눈으로 밤을 새웠다.

이튿날 아침 일찍 사표를 낼 각오로 자리에서 일어났는데 세상에~ 세상에~ 이런 일이!!! 기적이 일어났다. 믿을 수 없었다. 1면에 우리 기사가 안 난 것이다.

바로 그 전날 특급 여배우 A씨가 자살하는 바람에 모든 신문 1면이 그 기사로 도배가 되었고, 그 때문에 우리 기사가 밀린 것이다. 유명을 달리한 A씨의 일은 애석하나 나에게는 기적과도 같은 일이었다. 살면서 신문 1면 기사가 밀어지는 것은 그때 처음 보았다.

“하늘은 스스로 돕는 자를 돕는다”라고 했던가. 이로써 사표 직전 풍전등화의 위기에서 기적처럼 기사회생할 수 있었다. 하느님, 부처님, 고맙습니다!

03

윗사람일수록 직원을 배려하라

윗사람일수록 직원에 대한 배려가 있어야 한다.
적어도 인간 말종은 되지 말자. 높은 곳에 있을 때 겸손해야 한다.

본사에 있을 때 사업구조 개편을 하면서 예타(예비타당성) 검토를 했다. 정부한테 5천억을 받아야 하는데 왜 받아야 하는지, 그 자료 및 보고서를 만드는 것이다.

크게 보면 3가지다. 첫째, 수협이 어떤 은행인가. 둘째, 수협에 왜 5천억을 주어야 하는가. 셋째, 5천억을 줬을 때 기대효과는 무엇인가.

예타 하면 주로 정부나 관계 관련자들, KDI 박사들이 참여한다. 어쨌든 우리가 정부에게 5천억을 달라고 했으니까 보고서를 써야 하는데 내가 그 보고서를 맡게 되었다.

그런데 그 무렵 상사가 새로 바뀌었다. 우리는 하나씩 큰 틀을 보고 전략적으로 생각하고 보고서를 작성했는데 새로 온 상사는 이런 것을 해본 적이 없었다.

"박사들이 많이 참여하니 그분들 수준에 맞게 썼으면 좋겠습니다."

담당자인 내가 보고서 방향을 제시했다. 당연히 알겠다고 할 줄 알았는데 부장의 반응은 너무 뜻밖이었다.

"네가 뭔데? 부장이 시키면 시키는 대로 하면 되지, 어디서 훈수를 둬? 초등학생이 봐도 딱 알 수 있도록 써."

결국 부장의 뜻에 따라 추석 연휴에 집에도 못 가고 보고서를 썼다. 이런 보고서는 기존의 것이 있어도 새롭게 숫자도 돌려야 되고 시간도 오래 걸려서 무척 일이 많았다.

그런데 또 예기치 못한 난관이 기다리고 있었다.

무디스에서 우리 등급을 떨어뜨리겠다고 통보해 온 것이다. 수협이 정부에서 1조 1,581억을 받았고 5천억을 더 지원받는다고 해서 믿었는데, 아직도 추가 5천억을 받지 못하고 있으니 신용등급을 떨어뜨리겠다는 얘기였다.

담당 팀장은 사업구조개편 담당자였던 나더러 책임지라면서 무디스 아시아 헤드쿼터가 있는 홍콩에 다녀오라고 했다.

결국 정부지원금 5천억에 대한 예비타당성 보고서는 보고서대로 쓰면서 동시에 홍콩에 가서 설명할 자료도 만들어야 했다. 몇 가지 일을 혼자서 다 처리해야 하니 입에서 거품이 날 정도였다.

홍콩은 일요일 출발 예정이었다. 공교롭게도 해수부에서 예타 1차 회의 관련 준비된 자료에 대한 사전점검 차 그 전날에 방문하겠다는 연락이 왔다. 이렇게 되면 나는 토요일에 예타 사전점검 받고 바로 그다음 날 홍콩으로 떠나야 했다.

어쨌든 새로운 부장이 쓰라는 대로 초등학생도 알 수 있게 직원하고 둘이 보고서를 써놓았으니 사전점검만 받으면 되는 상태였다.

토요일 사전점검 자리에 박사 몇 명과 해수부 정책과장, 수산정책국장, 우리 임원들이 참석했다. 그런데 나눠준 보고서를 읽고 있던 수산정책국장이 냅다 보고서를 집어 던졌다.

"누구 놀려? 내가 초등학생이야. 보고서를 누가 이따위로 써?"

역시나였다. 우려했던 일이 현실이 된 것이다. 나야 상사가 하라는 대로 했을 뿐이지만….

사전점검 팀은 그대로 가버리고 수습은 또 내 몫이었다. 다음 주 목요일 1차 회의 전까지 보고서를 고쳐야 하는데, 나는 내일 홍콩으로 출발해야 한다. 시간이 촉박했다.

그동안 보고서를 많이 써본 것이 이때 한몫했다.

박사들과 해수부 관계자들의 수준에 맞추기 위해선 사실 순서만 바꿔주어도 되었다.

그래서 함께 작업했던 직원에게 기존 목차는 다 붙임으로 빼고, 새 목차와 세부 내용 즉 현재 수협의 상황은 어떻고, 그 다음에 5천억 지원받게 되면 어떻게 바뀌고, 그다음에 그로 인해 이런이런 기대효과가 있다는 것을 순서대로 넣으라고 정해 주었다.

그렇게 한 시간 만에 싹 정리해 주고 나는 바로 홍콩으로 떠날 준비를 했다.

무디스에 가서 설득할 자료들도 챙기고 이튿날 인천공항으로 갔다. 집을 나설 때 큰 가방을 몇 개씩 가져가는 나를 보고는 집사람이 어디 이민 가냐고 우스갯소리를 했다.

홍콩에는 우리 수석부행장과 해수부 사무관이 함께 갔다. 그러다 보니 내가 모든 것을 다 챙겨야 했다. 선물 양도 장난이 아니었다. 양주에 초콜릿에 갈 때는 빈 가방이어도 올 때는 가득 채워 와야 했다. 그러니 가방이 많을 수밖에.

홍콩에 도착하여 무디스 사무실로 갔다. 다행히 우리에게 호의적이었던 담당 이사와 무디스 소속 한국 여직원이 도움을 많이 주었다. 또 어드바이스 뱅크인 도이치 뱅크 쪽에서도 도와주었다.

1, 2차 회의를 하면서 내가 만든 자료를 주고 설명했더니 무디스 측에서 상의해서 최종 결정하겠다고 했다.

저녁때쯤 되니 결과가 나왔다. 신용등급을 떨어뜨리지 않기로 한 것이다. 이번에 자료도 잘 만들고 설명도 잘하고, 공무원인 해수부 사무관까지 동행해서 신뢰도를 높인 것이 주효했다.

요 며칠 몇 가지 일을 한꺼번에 처리하느라 힘들어 죽을 판이었는데 그나마 결과가 잘 나와서 큰 위안이 되었다.

홍콩에서의 2박3일 일정을 마치고 밤 9시 인천공항에 도착했다. 선물만 해도 몇 보따리가 되었다. 양도 양이지만 무게가 장난 아니었다.

그 바쁜 와중에도 공항에서 상사에게 보고 전화를 했다.

"무디스 일은 잘됐습니다. 등급 떨어뜨린다고 했는데 오히려 한 등급 올릴 것 같습니다."

당연히 고생했다는 얘기를 들을 줄 알았다. 이런데 웬걸, 수고했다는 말 한마디 없이 당장 회사로 와서 보고서를 마무리하라는 것이 아닌가.

그 밤에 공항에서 일행 분들 짐을 차에 다 실어주고 집까지 모셔드리고 나니 12시가 넘어 있었다. 그 길로 회사로 들어가 새벽 4시까지 보고서를 점검했다.

예정되었던 목요일 예타 1차 회의에서는 내가 수정한 보고서를 보더니 너무 훌륭하다고 칭찬이 자자했다.

이후에도 윗사람의 횡포는 계속됐다. 직원에 대한 배려가 없어도 너무 없었다.

2차 회의는 저녁 7시쯤 끝났다. 그러면 보통 "고생했다. 오늘은 밥 먹고 푹 쉬고 내일 보자" 하지 않는가. 그런데 자기는 밥 먹으러 가면서 나한테는 행장님께 보고해야 하니 당장 보고서를 써 오라고 했다.

하긴 추석 때 열심히 일한 것에 대한 금일봉도 나한테 제대로 전달 안 한 사람한테 무엇을 기대하겠는가.

나는 그를 보면서 위로 올라갈수록 직원을 좀 더 배려하고 인간 말종만큼은 되지 말아야겠다고 새삼 다짐했다.

사람은 뿌린 대로 거둔다고 했다.

높은 곳에 있을 때 겸손하고, 윗사람일수록 직원을 배려한다면, 퇴직하고 나서도 주변에 사람이 많을 것이다.

그 반대라면 어떨까? 당연히 믿을 만한 사람 한 명 없는 쓸쓸한 노후를 보내게 될 것이다.

인생은 길다. 인생 후반기는 따로 있다. 풍요로운 노후를 보내려면 위로 올라갈수록 겸손해야 하고 밑의 직원들에게도 잘해야 한다.

04.

꼰대 소리 듣지 않으려면!

할 얘기가 열 마디 있어도 한마디만 하고 가려서 하자.
그래야 꼰대 소리를 듣지 않는다.
대신 행동으로 보여줘라.
그러면 직원들은 따라오게 돼 있다.

소위 말하는 '꼰대'의 대명사는 뭐니 뭐니 해도 잔소리 많은 직장 상사일 것이다.

중구 다동 부지점장으로 있을 때 한 여직원이 얘기해 준 것이 있다. 어딜 가든 조심해야 할 것이 있다는 것이다. 그게 뭐냐고 물었더니 꼰대 짓을 하지 말라는 것이었다.

꼰대 짓도 많은데 구체적으로 얘기해달라 했더니 여직원 왈,

"출근하면 일찍 나가서 혼자 놀고, 그냥 사무실에 주구장창 앉아 있지 말고, 쓸데없는 잔소리 해서 직원들 괴롭히지 말고, 점심에 맛있는 거 있으면 혼자서 실컷 먹고, 절대 누구랑 같이 먹으러 가자고 말도 꺼내지 말고, 직원들 생각난다고 사 오지도 말고, 혼자 집에 가서 실컷 먹으세요."

이 얘기를 듣는데 웃프면서도 공감이 되었다.

사실 나도 은행 생활 초창기에는 지점장이나 윗사람이 있으면 부담스러웠다.

그러니까 일이 있으면 가서 마케팅하고 사람들 만나서 밖에서 실컷 놀면 되지, 왜 사무실에서 자리만 차지하고 있느냐, 직원들한테 맡겨놓고 나가라, 지점장이 큰 틀만 잡아주면 직원들이 알아서 하겠다, 지점장은 밖에 나가서 크게 노는 게 맞다는 의미였다.

맛있는 걸 사 오는 것도 그렇다. 윗사람은 직원들 생각해서 사 온 것이나 직원들 생각은 정반대다.

'이런 거 사 오느니 퇴근할 때 떡볶이 사 먹으라고 돈이나 줄 것이지, 일 잘하라고 감시하는 거야 뭐야?'

속으로는 이렇게 생각한다.

여직원이 말한 꼰대 짓이 대충 무슨 뜻인지 알았다. 꼰대 짓을 안 하려면 나도 말을 줄여야겠다는 생각이 들었다.

말을 줄이는 것만큼, 말을 가려서 할 줄 아는 것도 중요하다.

의정부 지점에서 2년 6개월 근무하는 동안에는 1등을 자주 해서 포상을 많이 받았다. 포상이 나오면 직원들한테도 나눠주고 임원들한테도 선물을 보냈다. 그때 일이다.

의정부 골프 멤버 중 형님 한 분이 정육점을 여러 군데 운영했다. 그래서 그 형님에게 임원들에게 선물할 것이니 좋은 고기로 담아달라고 부탁했다. 형님도 흔쾌히 알았다고 했다.

살다 보면 실수라는 것은 우연치 않은 곳에서 발생한다. 백화점의 경우에는 선물용 물건들은 가격 태그를 뽑아서 유통기한도 함께 적어 넣지만, 개인 정육점의 경우에는 가격 태그를 뽑는 데가 많지 않다. 오히려 형님이 나를 생각해서 고기도 좋은 것으로 선별해 넣어주고 가격 태그까지 뽑아서 붙여주었는데, 하필이면 유통기한이 살짝 넘은 것이 찍혀 버렸다.

선물을 받은 임원 중 한 분이 이 사실을 알고는 나에게 전화해 불같이 화를 내며 쌍욕을 하는 것이 아닌가.

"야, 너 어떻게 유통기한 지난 걸 선물이라고 보내? 이게 말이 돼? 너 나 무시하는 거야, 뭐야? 당장 꺼져버려, 이 ××야!"

너무 황당해서 어이가 없었다. 내가 알고 일부러 보낸 것도 아닌데, 그게 이렇게까지 욕먹을 일이란 말인가. 태그에 찍힌 날짜만 잘못 찍힌 것이지 상품에는 이상이 없다고 아무리 설명해도 소용이 없었다.

다른 분들은 아무 말씀 없었는데 이분만 유독 난리를 치니 다른 분들에게도 전화해서 상황설명을 했다. 모두 그럴 수도 있다고 일부러 그런 것도 아니니 이해한다고 하셨다.

유통기한이 잘못 찍힌 것 때문에 이 사단이 났으니 정육점 형님에게도 전화했다. 형님이 진짜 미안하다면서 어쨌든 실수한 것은 맞으니 바로 회수하겠다고 했다.

아니, 선물을 주는 사람이 일부러 받는 사람 기분 상하게 하려고 선물을 하겠는가. 정 먹기 싫으면 그대로 쓰레기통에 버려도 되고 그냥 받은 것만 기억하면 되는데… 말 한마디에 천 냥 빚도 갚는다는데 기껏 선물 보낸 사람에게 욕부터 하다니….

나는 이 일로 어떤 일이 벌어졌을 때 어떤 태도와 어떤 말을 하느냐에 따라 윗사람의 됨됨이가 드러남을 실감했다.

의정부 시절 출근길에 아름다운 풍경들을 보며 할 얘기가 열 마디 있어도 한마디만 하자고 다짐했었고, 실제로도 그렇게 했다.

아침 일찍 운동한 후 출근해서 딱 지시할 것만 지시하고, 나머지는 행동으로 보여주었다. 직접 마케팅해서 여신할 것들을 갖다주니 직원들도 느끼는 것이 달랐다.

꼰대 소리 듣지 않으려면 말을 줄임과 동시에 가려서 하고, 행동으로 보여주라. 그러면 직원들도 따라오게 돼 있다.

05

맛난 음식과 재미

맛있는 음식을 나중이 아닌 지금 먹어야 가장 맛있는 것처럼,
마케팅을 할 때도 의사결정을 할 때도 미루지 않고 바로 하는 것이 좋다.
또한 재미없는 마케팅보다 재미있는 마케팅을 해야 성과도 배가될 수 있다.

예전에 나는 아침마다 차를 타고 가면서 강석우 씨가 진행하는 CBS 라디오 프로그램을 자주 들었다. 하루는 방송을 듣고 있는데 강석우 씨가 청취자들에게 물었다.

"여러분은 맛있는 거 있을 때 바로 먹나요? 나중에 먹나요?"

그 말을 듣는 순간 생각해 보았다. 나는 어느 쪽이지? 바로 먹어도 되고 나중에 먹어도 된다. 그런데 막상 둘 중 하나를 고르려니 갈등이 생긴다.

두었다가 나중에 먹는 것도 하나의 방법이다. 먹을 것이 있다는 생각에 행복해할 수도 있고, 새로운 것을 안 만들어도 되니까 편하다. 반대로 지금 당장 먹는 것도 괜찮다.

어떤 것이 옳은지는 잘 모르겠다. 둘 다 옳다. 이건 옳고 그

름의 문제가 아니라 선택일 뿐이다. 어쨌든 한 가지를 고르려
니 고민이 됐다.

고민 끝에 내가 선택한 것은 바로 먹는 것이었다.
일단 나중에 먹으면 음식이 변해서 싱싱함도 떨어지고 제맛
이 안 난다. 더욱이 나중에 또 새로운 음식이 생길 수도 있는
데 그때도 두었다 먹을 것인가. 그렇게는 못 할 것이다.
그러니 우선 먹을 때 맛있게 먹는 것이 더 좋을 것 같다. 그
렇지 않아도 짧은 인생인데 그냥 놔두면 다른 사람이 먹을 수
도 있다. 꼭 내 것이 되리라는 보장도 없다. 바로 먹는 것이
그나마 좋은 선택이지 않을까 생각한다.

마케팅을 하면서도 이런 갈등이 생길 때가 많다.
예를 들어 내가 지금 실적이 너무 좋다. 그러니 굳이 다른
고객 것을 더 할 이유가 없다. 대출할 필요도 없다. 그냥 하
반기까지 놔두었다가 실적 올리는 것이 더 낫다고 생각할 수
있다.
그런데 정말 그럴까? 아니라고 생각한다.
왜냐하면 그 고객을 놔둔다고 해서 계속 내 고객이 되는 것
이 아니기 때문이다. 그냥 놔두면 그 고객이 자기에게 무성의
하다고 오해할 수도 있고, 이 경우 십중팔구 다른 시중은행 배
로 갈아탈 가능성이 크다.

의사 결정할 때도 마찬가지다. 뭔가 결정할 때가 있으면 바로 하는 것이 맞다. 미뤄봤자 특별한 대안이 나오진 않는다.

나도 본사에 근무했을 적에는 나이 든 부장님들이 무언가 결정할 때 대체 무슨 기준을 갖고 의사결정을 할까 궁금했다.

열심히 뛰어다니며 수협은행 사업구조개편을 설명할 때도 지금 생각해 보면 퇴직이 1, 2년 남은 선배들 입장에서는 내가 막 밀어붙이니까 하긴 해도 무슨 재미가 있었겠는가. 힘만 들고 스트레스만 받지, 나처럼 열심히 하고 싶은 사람은 아무도 없었을 것이다.

어떤 일이든 과정에서 재미를 느끼지 못하는데 성공하는 일은 거의 없다.

최근 몇 년 사이 '가잼비'와 '펀슈머Funsumer'라는 용어까지 등장했다. 가잼비란 가격 대비 재미를 뜻하는 신조어이다. 펀슈머는 재미Fun와 소비자Consumer의 합성어로 제품을 구매하는 과정에서 재미와 즐거움을 얻고자 하는 오락적 소비자를 의미한다. MZ세대들에게 가장 핫한 새로운 소비 트렌드이다.

왜 이런 트렌드가 생겼을까 생각해 보니, 재미가 있으면 관심이 생기고 그 관심이 곧 구매로 이어지기 때문 아닐까. 2020년 출시된 곰표 밀맥주가 이런 재미의 효과를 톡톡히 누려 편의점 맥주 매출 1위까지 차지한 것이 그 방증이다.

이처럼 마케팅할 때도 재미없이 하는 것보다 재미있어야 성과가 배가될 수 있다.

글로벌 CEO의 긍정 메시지

· 변화하려는 의지는 강력한 것이다. 그것이 잠시 회사를 총체적인 혼란에 빠뜨리는 것을 의미한다고 할지라도 말이다.

· 신속성, 단순성, 자신감을 목표로 삼아라.

· 당신이 관여하는 비즈니스 전체를 주의 깊게 관찰하라. 그리고 가능한 한 빨리 무엇을 개선할 필요가 있는지, 무엇을 육성할 필요가 있는지, 무엇을 버려야 할지를 결정하라.

· 비전을 제시하라. 그런 다음, 구성원이 회사의 비전을 스스로 실행하도록 하라.

· 당신의 의제를 끊임없이 재검토하라. 필요하다면 언제든 수정하라.

· 유망한 시장을 찾을 때 가능한 한 경쟁을 피할 수 있는 분야를 택하라. 하지만 경쟁이 불가피하다면 반드시 승자가 돼야 한다. 승자가 될 수 없다면 빠져나갈 방법을 찾아야 한다.

— **잭 웰치**(전 제너럴 일렉트릭 CEO)

06

때론 버릴 줄 아는 것도 길이다

마케팅할 때 달콤한 것이라고 다 먹으면 안 된다.
가끔은 구별도 하고 버릴 것은 버려야 내가 더 건강하게 갈 수 있다.

세상에는 참 여러 종류의 사람이 있다.

됨됨이가 좋은 사람도 있고 형편없는 사람도 있고, 약속을 잘 지키는 사람도 있고 안 지키는 사람도 있고, 돈 욕심이 많은 사람도 있고 물욕이 없는 사람도 있다.

그중에서도 돈이라는 것은 욕심과 일맥상통한다. 아무리 부자라도 돈 욕심이 끝이 없는 사람이 있고, 화장실 갈 때와 나올 때가 다른 사람이 있다.

고객 중에서도 별의별 사람이 다 있다. 나도 그렇지만 은행 직원이라면 누구나 고객을 어떻게든 도와주고 케어해 주려고 노력한다. 내 몸도 내 것이 아닌 것처럼 은행도 내 것이 아니다. 그래서 가능한 한 고객의 말을 들어주고 편의를 봐주려고 하는데, 간혹 이것을 악용하는 사람이 있다.

코로나19가 막 시작되던 무렵이었다. 모 회장이 강남에 빌딩을 산다고 660억 대출 요청을 해왔다. 그동안 수협은행을 많이 이용해 온 고객이었고 담보도 충분해서 OK 했다. 검토 후 수협에서 300억, 새마을금고에서 360억을 대출해 주기로 했다. 새마을금고는 한 금고당 대출로 나갈 수 있는 금액이 20억 안팎이어서 360억을 모으다 보니 20군데가 참여했다.

이 때문에 대출서류 자서(자필서명) 날에는 수협은행을 포함하여 총 21군데가 출동하여 북새통을 이뤘다. 거기에다 새마을금고 한 군데서 1~2명씩 거의 40명, 우리 팀이 5명, 법무사또 몇 명 등 대략 모인 사람만 한 50명 정도였다. 대출 당사자인 모 회장은 아침부터 저녁까지 거의 종일 스물한 번 똑같은 자서를 반복했다.

자서가 끝나고 대출 나갈 때만 기다리고 있다가 기표 날짜를 잡았다. 기표 전날 전화를 걸어 확인하니, 아직 매매계약이 안 됐다고 일주일만 늦춰달라고 했다. 어쩔 수 없이 알겠다고 했으나 결과적으로 21군데 은행이 다 대기 상태였다.

일주일 후 다시 연락했다. 그런데 이번에도 또 열흘만 연기하자고 했다. 열흘 후에도 또다시 연기. 이렇게 계속 연기되면 기준금리가 틀어지고 인감증명서 효력 기한도 지나버린다.

회장은 좀 더 연기해 주길 원했지만 더 이상은 기다릴 수 있는 상황이 아니었다.

결국 대출을 해지하기로 하고 대신 21군데 은행에게 그동안 들어간 실비와 법무법인 검토비를 지불하라고 조건을 제시했다. 특히 새마을금고의 경우 대구, 광주 등 지방에서도 나를 믿고 왔기 때문에 기본 실비는 주고 끝내자고 했다.

계산해 보니 50여 명이 움직였고 이런저런 경비를 합치니 총 1,200만 원 정도가 나왔다. 그런데 이 금액을 또 깎는 것이 아닌가. 그나마 21군데 중 안 받겠다는 곳도 있어서 절반 정도만 받고 이 일은 끝이 났다.

몇 달 후 모 회장이 다른 건으로 계약을 했다면서 660억 대출 요청을 해왔다. 이번에는 공동 대출 시 시중은행이었으면 한다는 조건을 제시해서 수협은행과 ○○은행이 진행하기로 하고 본사에 승인을 올렸다. ○○은행은 승인이 났는데 우리 쪽은 자금 용도가 안 맞고, 법인 신용등급이 낮다고 승인이 나지 않았다.

차주인 모 회장은 다른 법인도 갖고 있었다. 그래서 회장에게 수협은행 조건에 맞는 법인으로 계약서를 바꿔주면 본사 승인을 받아서 대출해 주겠다고 했다. 회장은 잔금을 못 치르면 큰일이니 대출금이 입금될 때까지 계약서를 등급 잘 나오는 법인으로 바꿔주겠고 약속했다.

이런 조건으로 본사 승인을 받아 수협은행이 300억, ○○은행이 360억, 총 660억을 맞춰 차주는 무사히 잔금을 치르게 되었다. 잔금 치르는 날에도 계약서 바꾸는 것에 대해 한 번 더 신신당부했다. 회장도 한 번 약속한 건데 당연히 바꿔 줄 것이고, 상무도 자기가 책임질 테니 걱정하지 말라고 했다.

그런데 문제는 그다음부터였다. 태도가 확 바뀐 것이다. 계약서를 왜 빨리 안 바꿔주냐고 물었더니 매도인이 전화를 안 받는다는 것이 아닌가. 원칙대로라면 바꾼 계약서로 진행했어야 했는데 모 회장이 잔금을 치러야 해서 그 편의를 봐준 것이 화근이었다.

매도인에게 계속 연락해 보라고 재촉했지만 기다리라는 말뿐이었다. 1,400억짜리 계약서였다. 2주 정도 지나서 회장에게 전화가 왔다. 매도인이 안 된다고 했다는 것이다. 계약서를 바꾸면 구청에 거래 신고가 되어 세무조사를 받기 때문이라고 했다.

그야말로 마른하늘에 날벼락이었다. 바꿔준다는 회장 약속을 철석같이 믿고 진행한 것인데 이제 와 안 된다고 하면 어떡하란 말인가. 매도인에게 다시 얘기해 보라 했지만 안 된다는 말만 돌아왔다.

하루빨리 차선책을 생각해 내야 했다.
회장에게 원래 하려던 법인이 등급이 잘 안 나왔으니 신설 법인 재무제표를 좀 다르게 만들라고 요청했다. 비용 처리를 하지 않고 자산으로 잡아서 자본화시키라고 했다. 회장도 처음 약속을 안 지킨 것이 미안했던지 알겠다고 했다.

얼마쯤 지나 재무제표를 받았는데 요청했던 자본화가 되어 있지 않았다. 자본화시켜야 자금 용도에 맞게 법인을 바꿀 수 있고, 이렇게 안 하고 단기 비용 처리하면 비용이 너무 많이 발생하여 재무제표 상 자본 잠식되어 은행 신용등급이 완전히 떨어지기 때문이다.

내가 지난번 요청했을 때는 자본화한다고 해놓고 이번에도 약속을 지키지 않은 것이다. 이유를 따져 물었더니 자기들은 단기 비용 처리를 해야만 5천만 원 부가세 환급을 받기 때문이란다. 그러면 은행은? 지금 300억이 나가 있는데? 속이 까맣게 타들어 갔다.

화가 치밀어 오르는 것을 꾹 참고, 세무와 회계는 다르니까 회계법인에 얘기해서 소급 적용해서 할 수 있도록 해보라고 얘기했다. 그랬더니 이번에는 회계 정책을 변경하면 감독원 신고 사안이 되어 회계사가 반대한다고 했다.

"아니, 회장님. 너무하십니다. 법인 계약서 바꿔준다는 것도 안 바꿔주고, 재무제표 조건에 맞게 만들어 준다는 것도 안 해주고, 또 소급 적용으로 바꿔 달라니까 회계하고 세무가 다르다고 그것도 안 해주고. 도대체 저더러 어떻게 하란 것입니까? 정 그러시면 이제는 우리 내부적으로 협의하고 오겠습니다."

데드라인 전까지 이 문제를 해결해야 했다. 심사부로 가서 다시 협의했다. 심사부에서는 자금 용도를 변경하면 괜찮긴 한데, 그쪽에서 약속도 안 지키고 속였기 때문에 안 봐주겠다고 했다. 금리 올리고 예금도 더 넣어주는 것으로 조건을 달았다.

내가 다시 모 회장을 만나 협의내용을 말했다.

"우리는 이러이러한 조건이고 이 조건이 안 되면 이렇게 해야 한다. 그러니 어느 쪽인지 선택하세요."

그런데 가타부타 말이 없었다. 적반하장 식으로 난 몰라, 내가 뭘 잘못했냐는 태도였다. 계속 데드라인은 다가오는데 해결도 안 되고 미칠 지경이었다. 이 일로 인해 스트레스를 받아 근 8개월 동안 잠도 한 번 푹 잔 적이 없었다.

결국 더 이상은 못 하겠으니 상환하라고 했다. 약속을 세 번씩 어겼으니 기한이익 상실 사유에 해당한다. 그러니 상환받겠다고 했다.

그랬더니 이번에는 중도상환수수료를 깎아 달라는 것이 아닌가. 있는 사람들이 더하다고 어이가 없었지만, 그래도 고객인지라 최대한 본사와 협의해 보겠다고 했다. 다만 이건 내 권한이 아니라고 못 박았다.

본사에서는 깎아줘도 그쪽에서 원하는 대로는 안 된다고 하고, 차주 쪽에서는 더 깎아달라고 나를 물귀신처럼 물고 늘어졌다. 미리 내 권한이 아니라고 분명히 말했는데도 불구하고 내 책임이라는 식이었다. 옥신각신 끝에 내가 말했다.

"원래부터 회장님 쪽이 잘못하시지 않았습니까. 난 더 이상 못 하니까 마음대로 하세요. 딴 데 가세요."

마지막에는 오히려 그쪽에서 감독원에 민원을 넣겠다고 협박 아닌 협박을 했다. 나도 질려버려서 민원 넣으라고 했다. 약속을 세 번씩 어긴 것도 지금까지 참고, 그래도 끝까지 고객의 편의를 봐주려고 노력했는데, 돌아온 것은 '네 탓'이라는 비난뿐이었다.

사실 사람은 나이가 많고 돈 많고 경력이 쌓이면, 벼같이 익을수록 고개를 숙일 줄 알고 겸손해져야 하는데, 오히려 반대로 사는 사람이 있다. 인생을 천년만년 살 것처럼 말이다.

이 일을 계기로 깨달았다. 고객 중 극히 소수의 사람이지만, 때론 버릴 줄 아는 것도 길이라는 것을. 은행성과평가KPI에 감점이 크더라도, 아무리 고객이 왕이라도 말이다.

프로는 뺄셈, 초보는 덧셈, 진정한 프로는 뺄셈을 우선으로 한다는 말도 있다. 노자도 "없앨 것은 작을 때 미리 없애고, 버릴 물건은 무거워지기 전에 빨리 버리라"라고 했다.

버릴 수 있는 것은 버리고, 확실한 효과가 기대되는 한두 개에 자원을 집중하는 것이 더 효율적이다.

마케팅도 예외가 아니다. 이것저것 다 하면 된다는 생각은 이제 조금은 버려야 한다.

07

사막에도 정글이 있다

정글도 아마존 정글, 아시아 정글, 아프리카 정글 다 다르다.
사막에도 정글이 있는데 가슴으로 느껴보고 살아보지 않으면 모른다.

어느 날 고객 중 회장님 한 분이 나를 찾아와 물었다.

"조 지점장, 누가 100억짜리 잔고증명서 끊어주면 5천만 원 주겠다는데 끊어줘도 될까?"

여기서 한 가지, 잔고증명의 의미가 뭘까? 거래할 때를 예로 들어보자.

"당신 돈 있어?"

"응, 나 돈 있어."

"그래? 그럼 갖고 와."

그러면 내 건 아니어도 투자자한테 잔고증명서 가지고 가서 돈 있으니까 거래하자고 한다. 문제는 이때부터다. 만에 하나 거래가 깨지거나 잘못되면 잔고증명서 떼어준 사람한테 손해배상 청구가 들어올 수 있는 것이다.

일반인들은 이런 사실을 잘 모르다 보니 이해하기 쉽게 설명할 필요가 있었다.

"회장님, 5천만 원 벌어보려다 100억 날려 먹을 수도 있어요. 잔고증명은 완전히 대출확약과 비슷한 거예요. 잔고증명서는 어떤 거래에 대해서 내가 보증하겠다는 의미여서 절대 함부로 맡기면 안 돼요."

"그래? 잔고증명 종이 한 장짜리가 그렇게 센 의미가 있어? 그렇담 끊어주면 안 되겠네."

또 얼마쯤 있다 회장님이 사업 시행하는 데 굉장히 좋은 것이 있다며 나한테 검토를 부탁했다. 곧바로 잘 아는 부동산 업자에게 물었다.

"가락시장 앞에 있는 땅인데 어때요? 괜찮겠어요?"

묻자마자 대뜸 하는 말이,

"미쳤어? 그 땅은 절대 사면 안 돼."

설명인즉슨 그 땅은 3종에 속하고 용적률이 250%이다. 상업지역은 800%다. 총 땅값이 350억, 용적률로 환산하면 3종은 평당 땅값이 3억이 넘는 셈이다. 1, 2억짜리도 안 사는데 3억짜리 사는 건 미친 짓이나 마찬가지란 거다.

회장님에게 이런 상황을 설명하고 적극적으로 말려서 결국 땅을 안 사셨다.

또 한 번은 회장님에게 대부업체에서 100억만 빌려달라고 했다고 한다.

"몇 프로에 빌려달라고 하는데요?"

"7프로."

"7프로는 너무 싼데 다시 가서 얘기해 보세요."

며칠 후 대부업체에 다녀온 회장님이 내게 말했다.

"8프로, 8프로면 괜찮지 않아?"

사실 요즘에는 상가 수익률도 2~3%밖에 안 나온다. 8프로면 괜찮은 것이다.

"괜찮네요. 그런데 신용으로 주려고요?"

"아니, 담보 있어. 물류 창고 600억짜리 중 500억 선순위 있고, 100억 남은 거는 후순위로 준대."

"또 다른 건요?"

"역삼동에 법인명으로 빌딩 짓는데 법인 주식을 양도 담보해 주겠대. 조 지점장은 어떻게 생각해?"

"말도 안 돼요. 물류 창고 5백억 선순위 있으면 뭐 깡통 줘봐야 아무 의미 없고, 그다음에 역삼동에 빌딩 짓는 것도 비상장 법인이어서 양도 담보 줘봐야 아무 의미 없어요."

회장님이 이와 관련해서 내게 컨설팅을 요청하여 며칠 후 다시 만났다.

"회장님, 일단 물류 창고는 그냥 받고, 역삼동에 빌딩 짓는 건 가등기를 해달라고 하세요."

가등기는 본등기 매매 날짜로 매매를 예약할 수 있다. 가등기를 하면 국세청 압류 같은 것이 올 경우에도 본등기 하면 다 말소가 되어 매우 좋다. 설정보다도 더 세다. 빌딩 짓는데 나중에 잘못되면 본등기를 해서 시공사 선정해서 내가 신축하면 된다.

이렇듯 가등기 하면 좋은 점이 많은데, 주식양도 담보를 받으면 언제 재판해서 판결문 받고 법인 주식명의 변경하겠는가. 그렇게 하다간 선순위 가압류, 압류 다 들어오고 유치권 행사하고 아무것도 안 된다.

"가등기만 하면 돼?"

"아뇨, 또 있어요. 100억 돈 빌려주는데 어디다 쓰는지도 모르고 줄 거예요? 대부업체도 돈 빌려줄 때 근저당 설정 하잖아요. 그때 위에 근질권 해달라 하세요."

근질권 부기등기라는 것이 있다. 근저당에 질권을 또 잡는 것이다. 이렇게 하면 자금이 어디로 가는지 알 수 있고 채권관리도 용이하기 때문이다.

이런 조건으로 다시 협의하고 오시라고 했고 회장님이 추후 다녀오셨는데, 대부업체에서 조건이 너무 까다롭다고 안 한다고 했다고 한다. 그래서 이 일은 없는 일이 되었다.

이런저런 일들로 회장님과는 친분이 돈독해졌는데 언젠가

는 또 나한테 오셔서 하소연하셨다.

"난 왜 이럴까? 가족들부터 친구들, 지인들까지 사업 좀 하자고 뭘 그렇게 계속 가져오나 몰라. 그런데 말이야, 내가 100억 가지고 사업해서 50억이 남는다 치면 어떻게 된 게 소개시켜 준 사람은 70억을 가져가. 이게 말이 돼? 가족, 친구 할 것 없이 다 가져오는데 그렇다고 안 볼 수도 없고. 아, 도대체 왜 그런 건지 그 이유를 조 지점장은 알아?"

"아니, 회장님. 진짜 직설적으로 말씀드려도 되나요!"

"말해 봐."

"회장님은 정글에서 안 살아봐서 그래요."

"나 논현동에 집 있어. 강남 사는데 무슨 정글에서 안 살아봐?"

"회장님이 언제 돈 벌어봤어요? 안 벌어봤잖아요. 정글도 아마존 정글 다르고 아시아 정글 다르고 아프리카 정글 다 다른 거예요. 내가 살고 있는 정글은 잘 알아도, 살고 있지 않은 정글은 모르는 거거든요. 게다가 회장님은 정글 경험도 안 했잖아요. 심지어 사막에도 정글이 있는데 살아보지 않으니까 모르는 것이 당연하고 그래서 이상한 똥파리들만 끼는 거예요."

"하, 사막에도 정글이 있다고? 정말 그렇네!"

"이게 다 시간이 필요한 거예요. 한 2년 정도 경험해야 적응이 되고 그때부터 똥파리도 안 끼는 거예요. 그러니 앞으로 2

년 동안은 아무것도 하지 마세요. 회장님은 현찰이 워낙 많으니 지키는 것만 잘해도 충분해요."

"맞네, 맞아. 조 지점장 얘기 들으니 이제야 다 이해가 돼."

정글 이야기를 하다 보니 조정래 작가가 약육강식이 지배하는 중국의 비즈니스 현장을 묘사한 장편소설 〈정글만리〉가 떠온다. 그중 감명 깊었던 한 구절을 소개한다.

고달프지 않은 인생이 어디 있고 외롭지 않은 인생이 어디 있더냐.
자기 인생은 자기 혼자서 갈 뿐이다.
남이 가르쳐 주는 건 그 사람이 겪은 과거일 뿐이고,
내가 해야 할 일은 혼자서 겪어 나아가야 하는 나의 미래다.

08

가족, 지인 등과 거래하지 마라

일가친척이나 지인과 거래하면 마케팅 깊이가 없어 조만간 고전한다.
그러므로 절대 해선 안 될 일이다.

의정부 지점장으로 있을 때였다.

고객 중 안경 체인점을 하는 한 70세 된 분이 있었다. 연세가 이 정도 되면 가족이나 지인 중 한 명은 은행에 다니는 사람이 있기 마련이다. 그분도 그랬는데 하루는 나한테 와서 "내 사위가 ○○은행에 다니는데…" 하시면서 말을 꺼냈다. 그러고는 사위 자랑에 시간 가는 줄 몰랐다.

그런데 한참 듣고 보니 결론은 대출해 달라는 것이었다. 아니, 그렇게 사위 자랑을 하시더니… 그러면 사위 은행 가서 대출해 달라면 되지, 왜 나한테 얘길 한단 말인가.

비단 이분뿐만이 아니다. 가족이나 지인 중에 은행 다니는 사람이 있어도 오히려 그곳에는 가지도 않고 부탁도 안 한다. 친구들 사이에서도 아무리 친해도 금융정보 등은 절대 알려주지 않는다. 내 금융정보를 가까운 사람에게 알리고 싶지 않아서이다. 단순히 프라이버시 때문이 아니다. 프라이버시는 둘째 문제다. 자신이 돈 많은 게 알려지면 누군가 돈이 궁할 때 꼭 돈 좀 빌려달라는 얘기가 나온다. 그러니 돈 많은 사람일수록 자신의 정보는 알려주기 싫은 것이다.

누군가 "내 사위, 내 사촌이 어디 어디 은행에 다니고 있어"라고 자랑하는 사람이 있다면 반대로 해석하면 된다.

"거기에는 안 갈 테니 당신이 해줘라"를 간접적으로 표현한 것이다.

위의 고객도 사위가 다니는 은행에 가면 자신의 금융정보가 다 새 나갈 것이고, 그럴 경우 만에 하나 어려울 때 도와주지 않으면 집안에 잡음이 생길 수밖에 없지 않겠는가. 그러니 수협은행에 와서 대출을 요청한 것이다.

나도 예전에는 이런 사실을 잘 몰랐다. 잘 모를 때는 친구들과 거래도 해봤는데 절대로 안 될 일이다. 일가친척도 마찬가지다. 지인과 거래하면 마케팅 깊이가 없어 조만간 고전하기 때문이다. 그래서 이제는 친구는 물론 친인척과도 맹세코 거래하지 않는다. 더욱이 요즘은 청탁금지법인 김영란법에 걸려 잘못하다가는 나만 더 크게 당할 수 있다. 그러니 가까운 사람들과는 절대 거래해선 안 된다.

09. ───────

바닷물이 출렁임을
직접 느껴야 알 수 있다

바닷물 속에 뛰어들어야 경험하고 이해하고 새로운 길을 만들 수 있다.

───────

며칠 전 일이다. 막내 직원이 물었다.

"센터장님, 지금처럼 경기가 안 좋을 때는 어떤 포지션으로 어떤 생각을 가지고 있어야 하나요?"

나는 인생은 파도와 같다고 생각한다. 올라가면 내려가고 내려가면 올라간다. 이런 것이 인생인 것이지, 인생에 있어 평평한 수평만 있을 수는 없다. 경기라는 것도 마찬가지다. 제자리에 있지 않고 항상 움직인다. 이렇듯 시시각각 움직이는 바닷물의 출렁임을 직접 느끼지 못하고 그저 주변에서 낚싯대만 드리우고 있는 것처럼 어리석은 일도 없다.

내가 막내 직원에게 대답했다.

"경기는 파도처럼 항상 움직이는 거야. 출렁이는 파도를 너 스스로 느껴야 해. 느끼지 않고 먼발치에서 바라보기만 하면

네 파도가 아닌 남의 파도일 뿐이야. 네 인생을 못 사는 것이고 남의 인생을 구경만 하는 것과 같아. 그렇게 되면 남이 돈 버는 걸 도와주기만 하고 정작 넌 돈 못 벌 거 아냐?"

"하, 그럼 안 되는데… 돈 벌어야 하는데….."

"누구도 파도가 얼마나 높은지, 낮은지, 센지, 약한지 몰라. 그래서 물속에 직접 들어가 봐야 하는 거야. 배를 타고 들어가든 잠수복을 입고 들어가든 직접 바다에 뛰어 들어가서 싸워야 참치든 뭐든 잡지 않겠어?"

"네, 맞아요. 그런데 뭐든 잡으려면 어떻게 해야 해요?"

"봐봐, 어차피 경기라는 것도 파도처럼 올라갔다 내려갔다 하잖아. 그러면 지금이라도 스스로 돈을 어떻게 모아서 언제쯤에는 집을 사겠다고 촘촘하게 계획을 세우고 그 시장, 즉 바닷속에 들어가서 파도가 출렁임을 직접 느껴야 해. 남의 일처럼 주변에만 서 있으면 절대 성공하지 못해."

막내 직원은 내 얘기에 뭔가 느낀 듯 연신 고개를 끄덕였다.

인생의 주변자로 살지 않으려면 직접 들어가서 부딪치고 겪어야 한다. 안 그러면 절대 인생을 알 수 없다.

마케팅도 이와 같다. 두렵다고 생각하지 말고 일단 뛰어들어서 열심히 하다 보면 길이 보인다. 처음부터 길이 보이거나 길을 알려주는 사람은 없다. 바다 밖에서 낚싯대만 던지고 있으면 피라미 몇 마리만 잡고 끝나는 것이다.

타석에 들어서지 않고는 홈런을 칠 수 없고, 1루에서 발을 떼지 않고는 2루로 갈 수 없고, 석유를 얻으려면 일단 땅을 파야 함을 기억하자.

"우리 삶에는 두 가지 문이 있다. 하나는 기회의 문이고 다른 하나는 안전의 문이다. 안전의 문으로 들어가면 둘 다 놓치고 만다. 물가에서 머뭇거리지만 말고 물속으로 뛰어들어야 한다. 그것도 머리부터 거꾸로!"

– 마크 빅터 한센의 〈영혼을 위한 닭고기 수프〉 중

글로벌 CEO의 긍정 메시지

· 비전이 강하면 조직이 딱딱해질 수 있다. 회사는 빠르게 변화해야 하고 유연성을 가져야 한다. 절박함과 유연성을 가져야 계속 살아남는다.

· 다른 것은 몰라도 역차별은 없어야 한다. 정부는 기업들이 잘 경쟁할 수 있는 환경을 만들어 주어야 한다.

· 나는 직원 편이기도 하고 주주 편이기도 하지만 그 이전에 네이버 서비스를 사용하는 '사용자 편'이다. 사용자들이 아니었다면 나나 여러분, 네이버의 지난 20년은 있을 수도 없었다.

· 모바일에서 네이버는 아무것도 아니다. 없어질 수도 있다.

· 적의 군대가 철갑선 300척이라면 우리는 목선 10척밖에 되지 않는다. 다윗이 골리앗을 이길 수 있는 유일한 힘은 집중과 속도뿐이다.

· 15년 동안 회사를 하면서 매년 망할 것 같았고, 15번 창업한 느낌이다.

– **이해진**(네이버 설립자)

10.

비워두라

비워라! 그래야 새로운 것이 쌓인다.

압구정지점에 처음 가니 완전히 사막이었다. 고객이 없었다. 압구정에는 거액의 자산가들이 많이 살고 있지만, 시중은행에서도 거액의 자산가들에게는 재산 많고 담보 빵빵하니 금리를 싸게 준다. 보통 2% 초반댄데 우리는 3.5% 이상이니 경쟁 자체가 안 됐다. 고객이 없는 사막인 가장 큰 이유가 이 금리 때문이었다.

고객을 찾으려면 외곽으로 나가야 한다. 예를 들어 압구정에서 빌딩 등을 샀을 경우 2% 수익률이 나오면 잘 나오는 것이다. 그런데 외곽 쪽으로 가면 4%, 5% 나오니까 우리 3.5% 금리도 충분히 남는다.

다른 시중은행들은 거기까지 가서 안 한다. 리스크가 그만큼 크기 때문이다. 즉 리스크는 큰데 금리는 높다. 반대로 압구정은 굉장히 안정적인데 금리가 너무 낮으니 우리와는 잘 안 맞았다.

내 전임자는 지방으로 옮겨갔는데, 서울에서는 지방 것을 못 하게 막았지만, 지방에서는 서울 것을 할 수 있었다. 우리 내부적으로 영업을 할 수 있도록 대출 같은 것을 허용해 준 것이다.

사실 수협은 점포가 130개밖에 안 되므로 내 것 네 것 따로 없었다. 그래서 기존 고객들이 전임자가 지방으로 갔어도 그쪽으로 옮겨간 것이다. 그러니 더더욱 사막일 수밖에 없었다.

그렇다면 의정부에서 온 나는? 이런 이치라면 나도 의정부 고객 것을 가지고 와도 되었다. 게다가 의정부에는 나와 친하고 나에게 고마워하는 굉장히 큰 고객이 있었다.

고객의 입장에서도 굳이 의정부에 맡겨놓기보단 지점장과 그간의 친분도 있고 폼도 나는 압구정지점이 더 당길 수 있었다. 더욱이 이 고객은 내가 의정부에 있을 때 비올 때 우산 씌워주는 격으로 많이 도와주었기 때문에 관계가 무척 좋았다.

내가 압구정으로 간다니까 고객도 잘됐다면서 결국 나를 따라왔다.

그런데 이게 그만 싸움으로 번지고 말았다.

내 후임자 입장에서는 큰 고객이 빠져나갔으니 타격이 컸을 것이다. 상도덕상으로는 가져가도 안 되고 가져와서도 안 되는 일이다. 물론 우리 내부 규정에는 거의 대출이 없으면 움직일 수는 있다.

어쨌든 큰 고객이 빠져나갔으니 후임자가 동네방네 내 욕을 하고 다녔다. 결정적으로 나와 친분이 있던 고객이 청담동 입찰 건으로 170억 되는 돈을 빼서 이쪽에 넣은 것이다.

사실 나로서는 좀 억울했다. 내가 부추긴 것도 아니고 고객이 자기 돈을 자기 의사로 옮긴 것인데 욕은 내가 다 먹고 있으니 말이다.

결국 이 일이 윗선에까지 올라갔고, 나는 중학교 선배였던 당시 부행장에게 전화해서 그간의 일을 설명했다.

물론 내가 말 안 해도 다 알고 있었다. 내가 고생해서 일군 고객이고 그 고객이 어떤 마음인지도 다 알았다. 진짜 나는 비 올 때 우산 씌워준 거고, 그 업체는 무척 나를 고맙게 생각하는 사람들이고, 나를 당연히 쫓아가고 싶어 하고….

이유야 어떻든 최종적으로 내가 양보하기로 했다. 아무것도 없는 압구정 사막에서 처음부터 다시 시작하기로 한 것이다.

지금 되돌아보면 올바른 선택이었다고 생각한다. 그 덕분에 압구정을 개척할 수 있었기 때문이다.

이후부터 더 열심히 발로 뛰면서 영업에 임해 많은 고객을 확보할 수 있었다.

내 영업의 노하우는 의외로 단순하다.

돈이 많은 사람들에게는 돈이 중요한 것이 아니다. 그보다는 그들이 갖고 있는 문제점을 풀어줄 수 있는 능력을 더 중요하게 여긴다. 즉 그들이 어디가 가려운지를 알고 그쪽을 긁어주면 되는 것이다. 그리고 수협만의 장점이 뭔지를 확실히 어필하면 얼마든지 사막에서도 마케팅에 성공할 수 있다.

그러나 처음부터 쉽진 않았다. 처음에는 갑자기 밥상의 밥그릇이 없어지고 곳간의 곡식이 비어버린 상태였다. 먹고 살려면 밥그릇과 곡식을 찾아와야 했다. 그러니 더 열심히 할 수밖에 없었다.

만약 내가 기존 고객의 것을 가져왔다면 좀 더 편할 수는 있었겠지만 이렇듯 치열하게 영업하여 곳간을 차곡차곡 채워나가지는 못했을 것이다.

그러고 보면 많다고 해서 무조건 좋은 건 아니다.

좀 비워놓고 비워야 영업이 또 되는 것이다. 어차피 돌고 도는 세상인데 기존 것을 가져간다고 다 내 것이 되는 것도 아니지 않은가.

내가 직장을 옮기면 관계없다. 직장을 옮겨서 갈 때는 어쨌든 조직이 달라지니까 마케팅에도 관계없는데 같은 직장에서의 지점들의 경우에는 얘기가 다르다.

지점을 옮겨가면 당연히 관리 고객이 바뀐다. 대부분 2, 3년 동안 한 지점에서 하다 보면 매너리즘에 빠지게 된다. 나태

해지는 것이다. 그러면 오너들 입장에서는 바꾸고 싶어 한다. 새로운 물에 발 담그고 싶어서 그래서 바꾸는 것이다.

지점장들의 경우 옮기게 되면 기존에 했던 것들은 다 비워 놓고 가라고 한다. 그래야 또 새로운 것이 쌓이기 때문이다.

물론 안 될 수도 있고 될 수도 있지만 오너 입장에서는 이게 훨씬 더 재밌는 일이다. 잡아놓으면 일단 내 거다. 새로운 걸 자꾸 잡아야 오너의 파이가 커진다. 오너 쪽에서는 당연히 "기존 거래는 다른 사람한테 주고 너는 새로운 걸 해라" 이렇게 할 수밖에 없는 것이다.

내 생각도 그게 맞는 것 같다. 지점장 입장에서도 마케팅하는 입장에서도 깃발만 꽂으면 다 내 것인데, 널린 게 고객인데, 그 행간의 의미 그 종이 한 장 차이를 어떻게 이해하고 넘어갈 것인가만 이해하면 고객은 얼마든지 있다고 생각한다.

압구정도 사막이지만 사막도 다 다르다.

사하라 사막 다르고 고비 사막 다르다. 정글에도 사막이 있고 브라질에도 사막이 있다.

사막의 특성만 다를 뿐이다. 물 나오는 사막도 있고 돌멩이만 있는 사막도 있다. 돌멩이만 있는데도 물이 흐른다.

오아시스도 다 있다. 다만 어떤 오아시스가 있느냐 그 차이가 있을 뿐이다. 그걸 발견할 줄 알아야 한다. 그렇게 빈 그릇을 채우는 것이다.

마케팅은 좀 비울 때는 비우고 또 새로운 것을 채워 넣고 하는 것이다.

내가 기존의 것을 가져왔으면 인생은 편해졌을 것이다. 근데 결국은 더 이상 채울 게 없는 것이다. 왜냐하면 기존 것 관리하기도 힘든데 다른 걸 채울 여력이 없기 때문이다.

다른 눈은 다른 걸 볼 수가 없다. 이쪽 사막에 왔으면 이쪽 사막을 봐야 한다. 그게 인생이라 생각하고 그냥 가는 것이다.

나한테 굉장히 좋은 고객이 있다고 해서 영원하라는 법은 없다. 그러니 새로운 데 가면 새로운 사람 사귀고 좀 비워야만 채울 수 있다는 것을 깨달았다.

일상에서도 마찬가지다. 옷장을 한번 보자. 맨 버릴 옷투성이다.

우리 집 이사할 때도 그랬다. 12년 동안 산 아파트인데 이사할 때 보니 12년 전에 갖다 놓고 안 꺼내놓은 게 많았다.

지금부터라도 비우는 연습을 하자. 그래야 새로운 것이 쌓인다.

소풍

소풍도 일의 일부이고 인생의 한 부분이다.
그러니 놀 수 있을 때 맘껏 즐겨라.

———————————————————————————

본사에서 일만 하다가 영업점으로 나와서 의정부 지점장을
맡을 때였다.

하루는 친하게 지내는 형님 한 분과 골프를 치러 갔다. 버스
를 타고 차창 밖으로 내다보니 그날따라 하늘에 구름이 쭉 껴
있었다. 금방이라도 비가 내릴 듯한 날씨였다.

옆자리에 앉은 형님이 갑자기 말을 꺼냈다.

"동호야, 내가 한 달에 한 번 모처럼 소풍 가려고 하는데 협
조는 못 해줄망정 어떤 놈이 굉장히 방해를 하네."

무슨 말인지 몰라 내가 되물었다.

"아니, 형님. 대체 어떤 놈이 방해를 해요?"

"아, 글쎄 비라는 놈이 내가 소풍만 가려 하면 그렇게 방해
를 하네. 마음이 너무 아프다."

70세가 다 된 형님의 입에서 '소풍'이란 말이 나왔을 때 뒤통수를 한 대 세게 맞은 것 같았다. '소풍'이란 단어는 사실 초등학교 때 들어보고는 안 들어봤는데 50이 다 된 지금, 갑자기 소풍이란 말을 들으니까 만감이 교차했다.

그 짧은 순간에 그동안 내가 뭘 위해서 달렸는지, 뭘 하고 다녔는지 되돌아보았다.

사실 골프 치러 가면서도 도대체 뭘 위해서 가는지도 모르고 그저 습관적으로만 다닌 것 같다. 정작 나 자신을 위한 힐링이나 휴식의 목적은 뒷전이었고 누군가 가자니까 그냥 OK 했던 것이다.

정신이 번쩍 들었다. 이건 아니다 싶었다.

"골프 치러 간다"와 "오늘 소풍 간다"는 뉘앙스부터 다르다. 소풍이란 단어 자체가 굉장히 아름답게 느껴지는 것이다. 40여 년 만에 들어본 소풍이란 말이 너무 감동적이었다.

초등학교 때 소풍 간다고 하면 소풍 가서 뭐 먹을까부터 친구들하고 뭘 하고 놀지, 이 궁리 저 궁리 하면서 가기 전부터 즐겁지 않은가.

그런데 나이를 먹은 지금에는 일에만 빠져 사느라 골프를 치러 가는 것도 일의 연장선이 되어 버리고, 소풍이 주는 설렘도 없어지고 말았다.

그렇게 살아온 내 인생이 별안간 불쌍하게 느껴졌다.

본사에서 12년 일하고, 영업점으로 나와 부지점장을 하면서 영업점 부적격자라는 소문 속에서 2년을 보냈고, 그 후 의정부 지점장 생활이 거의 3년 되어가던 때였다. 총 17년을 오로지 일만 하고 살아온 것이다.

이제 와 되돌아보니 가슴이 뻥 뚫린 느낌이었다. 일만 하다 보니 일 외에는 소풍처럼 가슴을 설레게 하는 기억이 한 가지도 없었다.

더는 이렇게 살면 안 된다는 생각이 들었다. 권투선수도 3분 경기하고 1분 쉰다. 그 1분이라는 소풍 같은 휴식 시간이 없다면 끝까지 경기를 뛸 수 없을 것이다. 천상병 시인의 「귀천」이란 시의 한 구절처럼 "인생이란 이 세상에 아름다운 소풍을 온 것"이나 마찬가지다.

그래서 요즘은 직원들한테 늘 강조하는 말이 있다.

"노는 것도 일의 하나다."

왜 이런 말을 하느냐면 스스로를 비워내야 삶이 더 풍요로워지기 때문이다.

자신의 인생과 은행 영업은 분리해서 살아야 한다. 내가 즐거워야 영업도 즐겁다. 그러면 고객도 즐겁다.

내 경우 매일 밤늦게까지 저녁 모임하고 사람들을 만나고 다니는데 그러려면 무엇보다 체력이 필요하다.

그래서 나는 내 체력 관리를 위해 오후에 시간이 나면 한강에서 자전거를 타기도 하고, 혼자서 산에도 간다. 그렇게 하지 않으면 살아남을 수 없기 때문이다.

돌아보니 절대 일만 하는 것이 성공이 아니었다.

행복하고 즐거운 것이 성공한 것이었다.

내가 산에 가고 골프 치러 가는 것도 일의 하나다. 소풍도 결국은 일의 한 부분인 것이다.

비워야 채울 수 있다. 잘 놀아야 하고 또 할 수 있을 때 맘껏 즐겨야 한다.

12

때론 노이즈 마케팅도 필요하다

혼자 고민하지 말고 힘들고 고달플 때마다 "임금님 귀는 당나귀 귀"라고
소리칠 수 있는 사람들을 곁에 만들어 놓아야 한다.
그래야 스트레스도 덜 받고 새로운 원동력을 찾을 수 있다.

때론 노이즈 마케팅도 필요하다.
순식간에 나를 알릴 수 있는 하나의 방법이다.

마케팅을 하다 보면 사실 굉장히 외롭다.

어디 한 군데 하소연할 데도 없고 집에 가서 집사람한테 얘기해도 이해를 못 한다. 그렇다고 함부로 말을 하고 다닐 수도 없다.

마케터에게는 "임금님 귀는 당나귀 귀"라고 외칠 수 있는 누군가가 있어야 한다. 그게 누가 될지는 모른다. 회사 동료일 수도 있고 가족일 수도 있고 친구일 수도 있다.

처음에 "임금님 귀는 당나귀 귀"라고 외친 사람을 생각해 보자. 말하고 싶어서 얼마나 속이 터졌겠는가. 아마도 그 얘기를 안 했으면 죽고 말았을 것이다. 그래서 대나무밭에 가서

외친 것인데 온 사방에 울려서 소문이 난 것 아닌가.

아무리 소문이 무서워도 자신의 얘기를 터놓을 수 있는 누군가는 꼭 있어야 한다.

사실 마케팅을 하다 보면 진짜 스트레스받는 일이 너무 많다. 그럴 때 한두 사람 자신의 얘기를 하고 들어줄 사람을 꼭 가지고 있어야 한다.

그렇게라도 스트레스를 해소해야지, 안 그러면 버티기 힘들다. 사람은 완벽하지 않다. 혼자 해결할 수 없을 때는 다른 사람의 도움을 받아야 한다.

재밌는 에피소드가 있다. 2019년 11월 초 압구정지점에 있을 때였다.

조직 내에서 '강남 스캔들'이란 이야기가 떠돌아다녔다. 어떤 조직이든 이런저런 소문은 늘 떠돌기 마련이다. 나는 사실 확인이 안 된 이런 종류의 이야기들은 귀담아듣지도 않고 관심도 두지 않는다. 그래서 처음에는 떠도는 소문을 모르고 있었다.

11월 중순쯤 되니 '강남 스캔들'이 '압구정 스캔들'로 바뀌어 있었다. 그때도 그 당사자가 나를 말하는 것임은 상상조차 못하고 있었다. 더욱이 나는 남의 입에 오르내릴 만한 어떠한 잘못도 하지 않았기에 그냥 그런가 보다 하고 지나갔다.

한 3일쯤 지났을까. 그때부터는 내 이름이 언급되고 있었다. 하필 우리 지점에 나와 비슷한 이름을 가진 사람이 있어서 설마 난 아니겠지 하면서 넘어갔다. 사무실에도 잘 없는 데다 바람을 피운 적도 없으니 말이다.

그러다 또 며칠 지나갔는데, 주말쯤 되니 갑자기 전화가 빗발쳤다.

"무슨 일이냐? 바람피웠다는데?"

진짜 깜짝 놀랐다. 사내 메신저를 통해 소문이 더 퍼져서 오만 사람이 다 안부를 물어온 것이다. 대체 무슨 일인지는 내가 더 알고 싶었다.

'압구정 스캔들'의 내용인즉 내가 여직원과 바람을 피웠고 그 사실을 안 집사람이 사무실로 와서 깽판을 쳤다는 것이었다. 하도 말이 안 돼서 오히려 웃음이 나왔다.

그런데 계속해서 전화가 빗발치니 화도 나고 짜증도 났다. 무언가 조치를 취해야 했다.

동기인 인사 담당 부장에게 물었다.

"연말에 일하기 바빠 죽겠는데 이상한 헛소문이 돈다. 유언비어 좀 하지 말라고 문서로 내면 안 되냐?"

인사부장은 벌써 내 뒷조사를 다 끝내서 그 소문이 헛소문이라는 걸 잘 알고 있는 듯했다.

"조 지점장, 지금 문서 내고 이럴 것이 아니야. 이렇게 막 병적으로 관심이 올라와 있을 때는 그냥 가만히 있는 게 최선이야."

"아니, 뭐? 지금 전화통에 불이 나고 사무실이 난리가 났는데! 이 헛소문 때문에 일에도 지장이 큰데, 나더러 가만히 있으란 거야?"

그래도 가만히 있는 게 답이라 했다.

이후에는 노조에서도 전화 오고 감사실에서도 전화가 왔다.

아닌 밤중에 홍두깨라고 대체 무슨 일이란 말인가. 조직이라는 것이 무서운 것이 소문이 돌자마자 뒷조사를 해서 내 신상을 탈탈 털었다. 그런데 먼지 하나 없이 깨끗하니까 그들도 뭐라 할 수 없었다.

나도 나지만 스캔들에 언급된 여직원은 또 무슨 죄인가. 나도 여직원도 둘 다 피해자였다.

갑자기 휘몰아친 '압구정 스캔들'은 거의 일주일을 갔다. 일주일 지나니까 잠잠해지긴 했다.

그런데 어느 조직이든 꼭 형광등 같은 사람들이 있다. 주로 지점장들이다. 밑의 직원들은 무슨 일이 생기면 사내 메신저를 통해서 빨리 아는데, 사무실에 잘 없는 지점장들은 메신저를 볼 시간도 없고 쓸 줄도 몰라서 그런 소문에 어둡다.

열흘쯤 지나니 그때부턴 지점장들한테 전화가 오기 시작했다. 지점장들이 200명 가까이 되니 그 사람들이 한 통씩 전화한다고 생각해 보면 내가 얼마나 시달렸는지 짐작할 것이다. 지점장들이 잠잠해지니 그다음엔 임원들 연락에 전화통이 불이 났다.

이 소문이 완전히 사라지는 데 족히 한 달 정도 걸린 듯하다. 그래도 나한테 전화하는 사람들은 나를 위해 주고 좋아하는 사람들이다. 그들이 있어 그나마 스트레스도 덜 받았던 것 같다.

그해 연말에 선후배들과 회식이 있었다. 나도 이제 나이가 들다 보니 30대 중반의 후배들과는 어울릴 기회가 좀처럼 없다. 같이 일하지 않으면 얼굴을 봐도 금방 까먹는다.

2차로 호프집에 갔을 때다. 본사 후배들이 한 10명 정도 모여서 술을 마시고 있었다. 합석하자고 해서 같이 앉았는데 나는 본사에서 영업점장으로 나온 지 오래돼서 모르는 사람이 많았다. 본부장님이 나한테 자기소개를 하라고 해서 고민 끝에 내가 말했다.

"이번에 압구정 스캔들의 장본인 조동호입니다."

내 소개가 끝나자마자 후배들이 빵 터지면서 박수를 쳐댔다. 어느새 내가 전국적으로 유명인사가 되어 있었다. 신입사원들까지도 내 이름을 알고 있을 정도였다. 그래서 가끔 마케팅할 때 이 '압구정 스캔들'을 써먹기도 한다.

고객들은 이런 얘기를 해주면 무척 재밌어한다. 노이즈 마케팅도 순식간에 나를 알릴 수 있는 하나의 방법이다.

글로벌 CEO의 긍정 메시지

· 무덤에서 가장 부자가 되는 일 따윈 나에게 중요하지 않다. 매일 밤 잠자리에 들 때마다 우리는 정말 놀랄 만한 일을 했다고 말하는 것, 그것이 나에게 중요하다.

· 참된 만족을 얻는 유일한 길은 위대하다고 믿고 사랑하는 일을 하는 것이다. 그걸 만나는 순간 가슴이 알 것이다.

· 항상 갈망하고 항상 무모하라.

· 당신이 무슨 일을 하는데 그게 상당히 괜찮은 일이라면 당신은 다른 일, 뭔가 멋지고 놀랄 만한 일을 찾아야만 한다. 그 일에 오래 머무르지 말라. 다음번에 어떤 일이 있을지 생각해야 한다.

· 단순함을 얻기란 복잡함을 얻기보다 어렵다. 무언가를 단순하게 만들기 위해서는 생각을 깔끔히 정리해야 한다. 이 과정은 어렵지만 한 번 거치면 당신은 무엇이든 할 수 있다.

· 품질은 양보다 중요하다. 한 번의 홈런이 두 번의 더블보다 낫다.

― **스티브 잡스**(애플 설립자)

13.

가끔은 다른 길을 가봐야 한다

가끔 다른 길을 가보면 그때만 보이는 풍경들이 있다.
늘 다니던 길로만 갔을 때와는 또 다른 재미가 쏙쏙 숨겨져 있다.

나는 오래전부터 아침 운동을 해왔다. 아침에 보통 다섯 시 반쯤 일어나 여섯 시쯤 집을 나선다. 한동안 코로나 때문에 헬스클럽에 못 갔지만, 의정부 다닐 때는 아침에 일어나면 씻지도 않고 옷만 간단히 입은 채 회사 근처 헬스클럽에 7시쯤 도착했다.

압구정에서도 이 일과는 계속되었다. 차를 7시에 지점 앞에 갖다 놓는다. 딱 주차해 놓고 바로 옆에 있는 헬스장으로 간다. 그러면 직원들은 분명 퇴근할 때 차를 가져갔는데 아침 7시에 차가 와 있는 것을 보게 된다. 한 시간 정도 운동하고 땀을 뻘뻘 흘리며 출근하면 그 모습을 본 직원들은 긴장한다. 그때 내가 반농담조로 말한다.

"너희들 말 안 들으면 나 아침 7시부터 출근해 있을 거야."

이 말이 딱히 농담만은 아닌 게 직원들은 실제 내가 아침 일찍 출근해서 운동하는 것을 알고 있기 때문이다.

그런데 코로나로 인해 헬스장에 못 가게 되면서 아침 운동 방법이 바뀌었다. 아침마다 우리 아파트 근처에 있는 송이공원을 한 바퀴 돈다. 대략 2.5km 된다. 이후에는 내가 정해 놓은 코스로 다섯 바퀴 정도를 1시간 동안 뛴다.

마침 뛰는 코스 중에 시계탑이 있다. 나는 손목시계를 안 찬다. 귀찮기도 하고 무겁기도 해서인데 이 시계탑을 보면 무척 편하다. 한 바퀴 뛰는 데 12분 걸린다. 다섯 바퀴 뛰면 딱 1시간이다. 이후에는 들어가서 씻고 아침 준비하고 출근한다.

이상하게도 사람은 매일 다니던 길로만 가는 경향이 있다. 나 또한 그랬다. 같은 코스로만 뛰었다. 그러던 중 하루는 가던 코스가 아닌 길로 가보고 싶어졌다. 작게 말고 크게 돌아보자 싶어서 쭉 갔는데, 장미꽃이 흐드러지게 피어 있었다. 내가 매일 뛰던 코스에서는 만날 수 없는 풍경이었다. 그 꽃이 얼마나 예쁘던지 감동 그 자체였다.

또 얼마쯤 가다 보니 이번에는 우리 동 4층에 사시는 어르신과 만났다. 마침 우리 고향 분이시라 집에 오갈 때 만나면 반갑게 인사했는데, 아침 운동 길에 만난 것은 처음이었다. 그분도 운동 중이었다. 맨날 가던 길로만 갔으면 못 보고 못 만날 사람이었다. 가끔 이렇게 다른 길을 뛰어보니 다른 풍경도 있고 다른 만남도 있었던 것이다.

마케팅도 그렇다. 매일 똑같은 것을 할 필요는 없다. 가끔은 미친 척하고 다른 데도 가보고, 다른 사람도 만나보고, 이상한 얘기도 해보고, 술도 진탕 마셔봐야 한다. 그렇게 해야 마케팅도 잘되는 거지, 매일 은행 문자나 보내고 전화하고 이게 다가 아니다.

고객과의 관계도 좀 다른 식으로 해보고 마케팅에도 변화를 줄 필요가 있는 것이다. 내가 다른 길로 가서 전과는 전혀 다른 풍경을 보았듯이 말이다.

글로벌 CEO의 긍정 메시지

· 무슨 일이든 할 수 있다고 생각하는 사람이 해내는 법이다. 의심하면 의심하는 만큼밖에는 못 하고, 할 수 없다고 생각하면 할 수 없는 것이다.

· 어떤 실수보다도 치명적인 실수는 일을 포기해 버리는 것이다.

· 사람은 나쁜 운과 좋은 운을 동시에 가지고 있다. 즐겁게 일할 수 있는 시간이 좋은 운이다. 열심히 일하는 사람에게는 나쁜 운이 들어올 틈이 없다. 운이 나쁘다고 말하는 사람들은 대개 게으르다.

· 우리는 혹독한 시련을 견디고 뛰어넘는 산 공부를 해가며 강인해졌다.

· 자기 자신의 실패는 가슴 깊이 새겨두어야 한다. 실패를 망각하는 사람은 또 다른 실패가 있을 뿐이다.

· 참다운 지식은 직접 부딪혀 체험으로 얻는 것이며, 그래야만 가치를 제대로 아는 것이다.

– 정주영(현대그룹 창업주)

14.
겪어야만 인생의 의미를 알 수 있다

아무리 좋은 얘기도, 아무리 좋은 글도
내가 직접 겪어보지 않으면 체감하지 못할 때가 많다.
그래서 경험이 중요한 것이다.
스스로 겪어봐야 또 다른 인생의 의미를 알 수 있다.

무엇이든 내가 겪어봐야 안다. 아무리 좋은 얘기라도, 아무리 좋은 글이라도 내가 경험했느냐 못 했느냐에 따라 그 체감도가 180도 달라진다.

노벨문학상 수상자 알베르 카뮈도 "경험은 창조할 수 있는게 아니며 반드시 겪어야 얻을 수 있는 것이다"라고 했다.

하루는 골프를 치고 있는데 아내에게 전화가 왔다.

우리 큰딸이 얼마 전 코로나 2차 백신을 맞고 3, 4일 지난 때였다. 갑자기 가슴이 답답하고 뻑뻑해서 집 근처 가정의학과에 갔더니 큰 병원 가보라면서 아산병원을 지정해 주었다는 것이다. 그 얘기를 들은 집사람이 너무 걱정돼 나한테 전화를 한 것이다.

집사람이 우체국에 근무하는데 집사람 회사 내 젊은 직원한 명은 코로나19 백신을 맞고 얼마 지나서 죽었고 또 한 명은 혼수상태인지라 더더욱 큰일처럼 느껴졌을 것이다. 어쨌든 자기는 근무 중이니 나더러 빨리 가보라고 했다.

시계를 보니 4시였다. 일단 딸에게 전화해서 아빠도 금방 갈 테니 병원에 먼저 가 있으라 했다. 나도 두 홀만 남기 상태라 18홀까지 다 친 후 저녁 약속은 캔슬하고 씻지도 않고 서둘러 아산병원 응급실로 향했다.

그런데 아산병원은 3차 진료기관이어서 응급환자들로 발 디딜 틈이 없었다. 나도 예전에 이 병원에 입원한 적이 있어 잘 알고 있었다.

아니나 다를까. 응급실 앞에 도착하니 50미터 정도 줄이 서 있었다. 딸이 도착하고 얼마나 줄었느냐 물었더니 한 시간 됐는데 한 명 정도 줄었다는 것이다.

그런데 줄 서 있는 사람들을 보니 우리 딸이 제일 멀쩡해 보였다. 그래서 여기서 줄 서 있을 게 아니라 다른 병원으로 가자 했더니 딸이 펄쩍 뛰었다. 가정의학과 선생이 꼭 여기 가서 검사받으라고 했는데 무슨 소리냐고 막 뭐라고 했다.

답이 안 나왔다. 내일 아침에나 응급실 문 앞에 갈까 말까였다. 1시간이 지났다. 다시 딸에게 말했다.

"지금 봐라. 한 시간 됐는데 두 사람 정도 빠졌어. 아빠도

옛날에 여기 응급실 갔던 적 있는데 사람 갈 데가 아냐. 들어가 보면 교통사고로 피투성이 된 사람, 붕대 칭칭 감은 사람, 코에 호스 낀 사람들 천지라고. 아빠 있을 때도 서너 사람 죽어 나갔어."

딸아이가 의심스러운 눈초리로 나를 쳐다봤다.

"정말이야. 저기 가도 병실 올라가는 데 한참 걸려. 너처럼 멀쩡하면 병실 주지도 않아. 검사받고 기다리려면 내일 오후까지도 못 해. 그니까 우리 예전 강동구 살 때 다니던 경희대 동서신의학병원으로 가자."

처음에 말했을 때는 화만 내더니 자기가 직접 겪어보니 이건 아니다 싶었나 보다. 결국 딸아이의 동의를 받고 6시쯤 동서신의학병원으로 갔다.

아산병원에 비해 줄도 서 있지 않고 한산했다. 코로나 백신 후유증으로 왔다고 하니, 병원 밖에 대여섯 개 만들어 놓은 부스 안에 들어가 있으라 했다.

"아니, 선생님. 지금 딸이 아파서 왔는데 사람도 없으니 그냥 들어가면 안 되나요?"

"안 됩니다. 최소 4시간은 기다리셔야 해요."

부스 안에서 1시간을 보냈다. 계속 기다리고 있을 수만은 없어서 내가 다시 담당자에게 가 줄 선 사람도 하나도 없는데 도대체 왜 그러냐 물었더니, 응급실 안에 분리해서 음압병동을 만들어놨는데 거기가 비어야 들어갈 수 있고 비어도 소독하는 데 또 한 시간이 걸린다고 했다.

다행히 한두 시간 지나니 들어오라고 했다. 응급실은 여기도 만원이었다. 음압병동으로 들어갔더니 좀 있다가 의사가 왔다. 청진기 대보더니 별 이상 없다면서 그냥 가시면 안 되냐고 했다.

딸에게 의사를 물었더니 반색했다. 그러니 어떡하겠는가. 딸이 아파서 못 가겠다는데. 의사한테 말했다.

"우리 딸내미가 가슴이 답답해서 죽을 것 같다고 해요. 집 사람 직장에서도 스물여섯 먹은 젊은이가 백신 맞고 일주일도 안 돼 죽고 또 한 사람은 혼수상태예요. 그런데 그냥 갔다가 우리 딸 잘못되면 선생님이 책임질 거예요?"

결국 검사를 받기로 했다. 엑스레이 찍고, 피 검사 하고. 피 검사를 통해 혈전이 있는지 없는지 확인하려면 4시간은 걸린다고 했다.

새벽 1시쯤 결과가 나왔다. 내가 아산병원에 도착한 게 5시쯤이었으니 8시간 만이었다. 다행히 이상 없었다. 병원비 계산하니 검사 몇 개만 받았는데도 20만 원 돈이 나왔다.

돌아오는 길에 딸에게 물었다.

"괜찮아? 시간이 너무 오래 걸렸지?"

"아빠, 나는 응급실 가면 TV에서 보는 것처럼 착착착 진행돼서 1시간 안에 다 끝날 줄 알았어. 이렇게 오래 걸릴 줄은 생각도 못 했어."

"너 그래도 이만하면 빨리 끝난 거야. 아산병원 있었으면 밤새우고도 응급실 안으로 들어갈까 말까였어. 인생이 그런 거야. 아빠가 말했을 땐 몰랐지만 네가 겪어보니 알겠지?"

"응! 직접 겪어보니 진짜 다르네."

15.

오늘 하루는 나에게 준 선물

오늘 하루를 선물이라고 생각하면 하루하루 더 값어치 있게 보낼 수 있다.
그 하루를 어떻게 쓸지는 스스로 알아서 판단해야 한다.
자기 나름대로 의미 있게 쓰면 되는 것이다.

나는 불과 얼마 전까지만 해도 오늘 하루의 소중함을 깨닫지 못했다. 인생이 길다고만 생각했기 때문이다.

양재로 오기 전까지 나는 본사로 가는 줄 알았다. 내가 알아보지도 않았는데 주변에서 다들 본사로 자리를 옮길 수 있다고 귀뜸 했다.

사실 나는 영업이 더 재밌다. 어디든 자유롭게 다닐 수 있고 퇴근도 마음대로 할 수 있다. 본사에 가게 되면 아무래도 틀에 갇히게 된다. 8시 반 출근해서 퇴근도 6시에 해야 한다. 틀 안에 갇혀 있으면 무척 답답하고 하루하루 시간이 아까워진다.

어느 날 내가 즐겨 듣는 라디오 프로그램에서 가슴에 와닿는 멘트를 듣게 되었다.

"오늘 하루는 나에게 준 선물입니다."

아, 맞아! 오늘 하루! 선물!

예전 출근길에 계절 따라 바뀌는 한강 변의 아름다운 자연 풍경에 큰 선물을 받은 느낌이었는데… 아침에 눈을 뜨면 그 풍경들을 볼 생각에 가슴이 설레었는데… 어느새 또 그 소중한 것들을 잊고 있었구나….

오늘 하루를 선물로 생각하고 열심히 살면 그 하루하루가 모여 한 달, 일 년, 십 년을 더 잘살아 낼 수 있는 것을!

지점장은 보통 한 지점에서 3년에 한 번씩 다른 지점으로 이동한다.

압구정점에 근무한 지도 3년이 가까워져 20여 일밖에 안 남게 되자 한 달 전과는 느낌이 달랐다. 매일 하루씩 줄어드니 그 시간들이 더 소중하게 느껴졌다.

게다가 그때는 본사로 가는 줄 알았기에 더 그랬다. 남아 있는 하루하루가 정말로 나에게 준 선물이었다. 그래서 그 하루를 나를 위해 소중히 쓰고 싶었다.

많은 이들이 오늘 하루를 선물이라고 생각하면 더 값어치 있게 보낼 텐데 유감스럽게도 대부분 일상의 노예로만 살아서 그 소중함에 대해 잊고 산다.

자기 몸이 크게 아프거나 누군가 주변에서 죽게 됐을 때나 하루의 소중함에 대해 생각할까? 그것도 단순히 순간적으로 끝일 때가 많다.

선물 같은 하루를 어떻게 쓸지는 스스로 알아서 판단해야 한다.

마케팅을 더 열심히 할 수도 있다. 가만히 있는 편보다 마케팅하러 다니는 것이 재밌다. 가만히 있어 봐도 편하지 않다. 실적 안 오르면 마음만 아프다. 밖에 나가서 돌아다니며 고객들을 만나면 탄력도 생기고 여러 가지 깨닫는 것도 많아진다.

자신을 위해 운동하는 것도 선물인 것이고, 여행을 가는 것도 선물인 것이다. 자기 나름대로 의미 있게 쓰면 된다.

진짜 오늘 하루의 소중한 시간을 아침부터 쪼개서 쓰다 보면 나름대로 계획성도 생긴다. 즉 자기가 꼭 하고 싶은 것, 자기가 꼭 해내고 싶은 것들을 위해 하루하루 열심히 하면 그것이 곧 나에게 주는 최고의 선물인 것이다.

하루가 지나가도 또 하루는 올 것이며 앞으로도 반복될 것이다.

그 하루를 바꾸는 사람은 오로지 나뿐이다. 그 하루의 차이가 평생의 차이로 바뀔 수 있음을 기억하자.

16

남의 밥상에 함부로 손대면 안 된다

남의 밥상에 함부로 손대지 말라.
욕심이 과하면 화를 부른다.

오래전 수협 본사의 부산 이전을 검토한 적이 있었다.

2010년대 초반만 해도 우리나라 해운 조선 산업 상황이 무척 안 좋았다. 중국의 저가 선박 수주 탓이었다. 해운 조선은 기간산업이고 고용 창출 효과도 크기 때문에 정부에서는 어떻게든 살리고 싶어 했다. 그래서 2, 3조를 투입하여 선박금융공사를 만들어 해운 조선 산업을 살릴 생각을 가지고 있었다.

정부안은 여러 개였다. 선박금융공사를 설립하는 것, 수협은행에 자본을 투입하는 것, 산업은행에 투입하는 것 등등.

그 안 중에 수협은행이 들어가 있으니 우리로서는 정부에서 2, 3조 받으면 바로 은행 규모를 2~3배 이상 키울 수 있는 절호의 기회였다. 내부적으로 선박금융공사 만드는 대신 수협은행에 자본을 주면 우리가 그 역할을 하겠다고 하여 검토된 것이다.

본사 부산 이전도 그래서 나온 이야기였다. 그때 당시 부산시에서도 수협은행 본사를 부산시 문현지구 금융단지 내에 유치하려고 무척 적극적이었다.

나는 그 무렵 본사에서 사업구조 개편을 위한 정부지원금 5천억짜리 예타 작업을 하고 있었다. 그런데 만약 수협이 2, 3조를 받으면 예타를 할 필요가 없었다. 이쪽이 더 액수가 크다보니 당연히 우선순위가 되었다.

1차 검토할 때 부산시 K국회의원이 도와주겠다고 하여 행장님한테 보고가 들어갔고, 예타보다 이것부터 하라 해서 나는 2차 검토 때 합류하게 되었다.

그런데 하루는 내 밑의 직원이 보고서에는 돈을 다 준다고 했는데 그게 아닌 것 같다면서 나하고 같이 금융위원회, 금융연구원, 국회 등 정부 관계부처에 가보자고 했다. 가서 확인해 보니 정부 안 중 하나일 뿐 수협은행에게 자본금을 준다고 한 적은 없다고 했다.

아니, 이미 행장님한테 보고가 들어간 상태인데 그런 적이 없다고 하면 담당자인 나는 어떡하란 말인가. 발등에 불이 떨어졌고 그 불을 끄기 위해선 우리를 도와주겠다고 한 K국회의원의 협조가 절실했다.

은행은 은행설립 취지 등에 따라 국회 상임위원회가 다르다. 시중은행은 정무위원회 소속이고 수협과 농협은 농해수위 (농림축산식품해양수산위원회) 소속이다. 사실 국회에서만 도와주면 금융위원회고 뭐고 다 필요 없이 쉽게 해결할 수 있다.

그래서 그전부터 수협 본사를 부산으로 이전시키려고 애를 쓴 부산시 공무들과 함께 K 국회의원실을 방문하게 되었다.

수석보좌관을 만나서 방문한 이유를 설명하고 수협은행의 장점을 어필했다.

"이번에 선박금융을 한다는데 그 안 중에 수협은행도 들어 있습니다. 수협은행은 과거부터 계획조선을 통한 어선건조 금융지원를 해왔고 어선을 많이 관리합니다. 더욱이 수협은행의 관리 감독국이 해양수산부입니다. 그러니 선박금융공사를 설립하는 것보다 우리 수협에 자본을 투입하면 일괄적인 관리체계를 만들 수 있습니다."

내가 한 템포 쉬었다가 말을 이었다.

"더욱이 K국회의원이 이 일을 적극적으로 추진하고 있고 또 수협은행에 대해서도 긍정적인 시각을 갖고 있다는 얘기를 지역구인 부산시 공무원들에게 들었습니다. 그래서 도움을 요청하러 왔습니다."

그런데 내 설명이 끝나자마자 젊은 수석보좌관은 나이도 지긋한 부산시 공무원들에게 욕을 퍼부으며 막 화를 내는 것이 아닌가.

"이런 ××들, 바빠 죽겠는데 수협은행을 왜 데리고 왔어? 아니, (수협은행) 니네 밥상은 니가 차려 처먹던지, 어디 남의 밥상에 와서 수작이야?"

처음에는 예상치 못한 태도에 당황했으나 어느 순간 수석보좌관이 말한 '밥상'의 의미를 알아챘다.

상임위원회가 달랐던 것이다. K국회의원은 정무위원회 소속이었다. 정무위에서 선박금융공사를 만들면 자기 밥상에 자기 밥그릇이 되는 건데, 수협은행은 자기 밥상이 아닌 농해수위 밥상인 것이다. 그러니 왜 남의 밥상 와서 수작이라는 말이 나올 수밖에. 부산시 공무원들이 자기들이 말하면 K국회의원이 다 도와준다고 했다고 해서, 그들 말만 철석같이 믿고 간 것인데, 도움은커녕 욕만 1시간을 듣다가 왔다.

어쨌든 남의 밥상에 함부로 손대서는 안 된다. 부득이할 때는 사전에 양해를 꼭 구해야 한다. 그것이 상도다.

지점장, 팀장은 항상 관리하는 자기 고객이 있다. 수협은행을 거래하는 기존 고객도 많이 있다.

수협은행과 거래하지 않는 사람들은 놔두고, 마케팅하기 쉽다고 수협은행을 잘 이해하고 있어 접근하기 용이하다고, 수협은행 내 다른 직원들이 관리하는 밥상에 손대는 것은 논란의 소지를 만들 수 있음을 유념해야 한다.

17. ————————————————————

빨간 김칫국물

곳곳에 숨어 있는 위험신호를 잘 인지하여
그것을 변곡점으로 만들어 주어야 한다.

————————————————————————————————

인생에서 위험신호가 올 때가 있다. 몸의 신호든 사고의 신호든 어떤 위험신호가 오는데 대부분의 사람들은 잘 못 느낀다. 나도 그랬다.

인생의 골목 골목에서 깜박이고 있는 신호를 유심히 관찰에서 이 신호가 어떤 신호인지 감지하는 것도 살아가는 데 있어 중요한 일이다. 만약 그 신호가 위험신호라면 거기에서 변곡점을 만들어 주어야 한다.

새로운 지점에 가게 되면 프런트에서 자주 실수하는 것을 보게 된다.

뭔가 바쁘긴 한데 실속이 없고, 뭔가 문제가 있는데 대안도 대책도 없다. 이런 것도 일종의 신호다. 그렇다면 여기서 변곡점을 만들어 주어야 한다.

부임한 지 얼마 안 된 내가 나서는 것은 오히려 직원들의 기분을 상하게 할 수도 있다. 그래서 본사에 컨설팅해 달라고 부탁했다. 굳이 내가 나서지 않아도 본사에서 잘못된 것을 다 잡아주면 되는 것이다.

몇 년 전 겨울에 친한 후배와 무주 덕유산 일주를 한 적이 있다. 1박2일 일정이었다.

새벽에 3시쯤 일어나서 5시쯤 덕유산 입구에 도착했다. 입구에서 김칫국 한 그릇을 먹고 산에 올랐다. 눈이 내린 후여서 사방에 눈꽃이 피어 있었다. 덕유산처럼 눈꽃이 예쁘게 피어 있는 곳은 보지 못했다. 황홀할 정도였다.

나는 산을 좋아해서 덕유산에도 여러 번 와 봤기에 산행이 어렵지 않았다. 내가 먼저 올라가 뒤에서 쫓아오는 후배를 기다렸다가 다시 올라가고를 반복했다.

우리의 목적지는 삿갓재 대피소였다. 그곳에서는 잘 수도 있다. 한참을 오르다가 오후 3시쯤 됐을까. 갑자기 눈이 펑펑 쏟아지기 시작했다. 한 치 앞이 안 보일 정도로 눈이 쏟아져 내렸다. 겨울이라 해도 금방 떨어질 텐데 좀 더 서둘러야 했다.

삿갓재까지는 4km 정도 남아 있었다. 산에서 4km는 절대 만만한 거리가 아니다. 얼마쯤 더 가니 이정표가 나왔다.

그런데 그 이정표 밑에 빨간 김칫국물이 뿌려져 있었다. 하얀 눈 위에 빨간 김칫국물이라니, 조금 의아했지만 머뭇거릴 때가 아니었다.

다행히 아직 길은 남아 있었다. 다시 길로 나서려는 순간 눈이 더 쏟아져 내렸다. 산을 많이 타본 감으로 봐선 아무래도 무리다 싶었다. 빨간 김칫국물도 맘에 걸렸다. 이것도 일종의 위험신호 같았다.

후배에게 더 가지 말고 하산하는 것이 어떻겠느냐고 물었다. 후배는 삿갓재까지 4km밖에 안 남았는데 왜 돌아가느냐고, 한 시간이면 충분히 도착할 테니 계속 가자고 고집을 부렸다.

잠시 갈등하다가 여기까지 올라온 것도 아까워서 알겠다고 하고 500m쯤 전진했다. 그런데 거기서부터는 눈이 너무 많이 내려서 사람이 다닌 흔적도 없고 길도 끊어져 있었다. 더욱이 조금 더 있으면 해도 저물어서 어두컴컴해질 시간이었다.

더는 안 되겠다 싶어 후배를 설득하여 돌아가기로 결정했다. 1km쯤 둘이서 걸어가니 20, 30대 젊은이들이 조금 전 우리처럼 올라오고 있었다. 길이 끊어져서 돌아가는 길이니 가지 말라고 말을 건넸는데 자기들은 괜찮다면서 우리를 지나쳐 올라갔다.

한참을 걸어 동엽령을 거쳐 내려오는데 아까 만났던 젊은이들도 포기하고 다시 내려오고 있었다.

만약 그때 빨간 김칫국물의 신호를 무시하고 길이 끊어진 산을 계속 올라갔다면 어떻게 됐을까? 상상만 해도 무섭다.

어떤 일에서든 신호를 잘 보고 위험을 감지하여 그것을 변곡점으로 만들어야지, 그냥 밀어붙이기만 하면 더 큰 위험을 초래할 수 있다. 덕유산 산행을 통해서도 느꼈지만, 비단 이번 일뿐 아니라 인생의 모든 일이 그런 것 같다.

마케팅에서도 마찬가지다. 시장의 변화를 늘 주시하고 대내외적인 위험신호를 빨리 캐치해야 실패하지 않을 수 있다.

나만의 장점을 살려
고객에게 어필하기

고객의 입장에서 이해하고 도와주면
복이 찾아온다.

사람은 누구나 장점을 가지고 있다. 운동을 잘할 수 있고 컨설팅을 잘할 수 있고, 노는 것을 잘할 수 있고, SNS를 매일 보내는 것도 장점일 수 있다.

미국의 전 대통령 프랭클린 루스벨트는 "자신의 약점을 비판하느니 장점을 키우기에 힘쓰는 것이 현명하다"라고 말한 바 있다.

마케터에게도 자신만의 장점을 키우고 살려서 고객에게 어필하는 것이 무척 중요하다.

내가 압구정점에서 새롭게 인연을 맺은 대표적 고객은 성형외과 B원장과 ○○○○ L회장이다.

이 두 분이 도움을 요청할 때마다 나는 나만의 장점을 살려

성심성의껏 도와드렸고, 그런 진심이 통했는지 지금까지도 좋은 관계로 남아 있다.

2019년 8월, 성형외과 B원장을 소개받았다. 이분은 나를 컨설팅전문가로 기억하는 것 같다.

고객에 따라 대출받을 때 금리가 싼 것을 선호하는 고객이 있고, 대출을 많이 해주는 것을 선호하는 고객이 있다. 수협이 대출을 많이 해준다는 소문이 나서 B원장이 나를 좀 만났으면 좋겠다고 연락해 왔다.

처음 병원에 방문했더니 수술복을 입고 있었다. 의사들은 시간이 돈이다. 나와 얘기하면서도 바쁘게 진료실을 오갔다. 2시간 넘게 기다리고 달랑 10분 정도 얘기를 나눈 것 같다. 첫 방문이니 인사만 하고 나중에 한번 만나자고 했다.

한 달 후쯤 식사 약속을 잡고 그 자리에서 다양한 채널을 보유한 내 장점을 살려 어필했다.

"우리는 건축자금 쪽도 많이 합니다. 원장님은 타이틀이 좋아서 건물을 샀다가 파는 것보다 땅을 사서 건물을 지은 후 파는 것이 더 이득일 듯해요. 여하튼 필요하면 제가 시공사 임원들도 많이 아니 소개해 드리겠습니다."

얼마 후 다시 연락이 왔다. 780억짜리 계약을 해서 640억 정도 대출받고 싶으니 조건을 제안해 달라고 했다. 나는 640억 중 620억은 담보대출, 20억 원은 신용대출, 금리는 3.5%

로 해주겠다고 제안했다. 그랬더니 나중에 ○○은행에서 담보대출 490억, 신용대출 150억, 금리 2.7%로 제안해서 그쪽으로 하겠다고 연락이 왔다.

알겠다고 했다. 내가 제안했는데 고객이 다른 쪽을 선택하면 그때부턴 내 손에서 떠난 것이다. 성의는 보여주었으니 다음을 기약하면 된다.

B원장은 그 후 소식이 없었는데 1년쯤 지났을 무렵 다시 연락이 왔다. 급하게 필요해서 그러니 10억만 해달라는 것이다.

"아니 원장님, ○○은행이 금리도 싸게 해주는데 그곳에서 하면 되지 왜 저한테 얘기하세요?"

"○○은행에서는 더 이상 대출이 곤란하다고 해서…."

B원장에게는 50억짜리 담보도 있어서 나는 두말없이 일주일 만에 10억 대출을 해주었다.

그리고 한 달쯤 지나 또 20억 추가 대출을 부탁해 왔다. B원장은 내게 세세한 얘길 하진 않았지만, 그 속사정은 충분히 이해됐다.

○○은행에서 640억을 대출받았는데 그중 신용대출이 150억이었다. 신용대출은 분할상환을 해야 한다. 1년에 50억씩 분할 상환하면 한 달에 4억씩 상환해야 한다. 그런데 코로나19로 일본, 중국 쪽 손님들이 못 들어와 매출이 30% 가까이 큰 폭으로 떨어진 상황이었다. 게다가 대출받아 산 건물에서

는 월세 수익률이 3%도 안 나온다. 그러니 한 달에 4억씩 상환하는 것이 힘에 부칠 수밖에 없었다.

그제야 B원장은 금리가 좀 높아도 나한테 받을 걸 그랬다며 무척 후회했다. 결국 780억짜리 빌딩은 들어간 돈 빼고 50억 정도는 남겨야 해서 900억에 내놨다고 했다. 그러면서 내게도 팔아달라 부탁했다. 어쨌든 추가 대출 20억도 해주었다.

내 포트폴리오 안에는 부동산 업자도 많다. 그 사람들에게 B원장 건물 얘기를 꺼냈더니 모르는 사람이 없었다. 처음 900억에 내놓은 것을 불과 3개월 만에 1,200억으로 올렸다는 것이다.

또 몇 달 후 B원장에게 전화가 왔다. 자기가 연 50억 버는데 그 빌딩을 1,200억에 팔면 세금 내고도 1년에 60억은 남길 수 있어 가격을 올린 것이라 했다. 그러면서 내게 컨설팅을 부탁하며 안을 만들어 달라 요청했다. 나는 검토 끝에 3가지 안을 제시했다.

1안) 팔 것. 150억을 원리금 분할상환 하느라 손가락 빨고 있는 것보다 지금 파는 것이 좋음.
2안) 빌딩의 시세가 1,200억 원 된다면 대출 640억 원은 전액 만기 일시상환으로 전환이 가능하므로, 다른 은행에서 대출받아 기존 대출을 상환할 것. 그러면 원금상환 없이 이자만 상환하므로 지금 여유가 생기고 빌딩매각 압박도 벗어날 수 있음.

3안) 어차피 2년쯤 지나 그 빌딩을 매각할 것이므로 호가를 1,400억 원까지 올려볼 것.

그 후 한동안 연락이 없어 잊고 있었는데 어느 날 한숨을 푹 쉬며 전화를 걸어왔다.

"휴~ 은행지점장 중에 조언을 구할 만한 사람은 자네밖에 없네."

그러면서 대뜸 은행 계좌번호를 알려달라고 했다.

"아니, 원장님. 왜 그러세요? 무슨 일 있어요?"

"일전에 말했던 그 빌딩 말이야, 결국 1,200억에 계약했어. 계약금 받아 정리할 거 정리하고 나니 50억 정도 남았는데 조 지점장이 여러모로 애써줬으니 매각 잔여금 들어오면 자네 은행에 예금해 주려고…."

그만하면 잘 판 것 같은데 목소리에 힘이 없어 매각 관련 자세한 얘기를 물어보았다. 자초지종은 이러했다.

8월 초까지만 해도 그 빌딩을 팔라면서 매수인들이 부리나케 다녀갔고, 심지어는 밤 12시에 찾아와 아파트 현관문 앞에서 새벽 3시까지 기다리며 계약하자는 사람도 있었다고 한다.

그러던 것이 어느 순간 사람들이 썰물처럼 빠져나가더니 1

주일 이상 개미새끼 한 마리 얼씬하지 않는 바람에, 자신이 팔 시기를 놓친 건 아닌가 자책하고 있었다고 한다.

바로 그때 ○○○업체가 찾아와 1,200억에 계약하자고 해서 B원장은 '이것까지가 내 운명인가 보다' 하고 계약했는데, 몇 시간쯤 지나니 ×××업체로부터 1,250억에 계약하자는 연락이 왔다는 것이다. 불과 몇 시간 차이로 50억이 날아간 것이다. 그러니 한숨이 나올 수밖에.

이 순간 B원장은 나의 조언을 받아들여 좀 더 기다릴 걸 하고 후회막급이었다고 한다.

압구정점 주 거래 기업인 ○○○○ L회장님도 나와 무척 돈독한 사이다.

하루는 L회장님을 압구정 부지점장, 다른 지점장, 나 이렇게 넷이 만나는 자리가 있었다. 그때 회장님이 진담 반, 농담 반조로 말했다.

"은행 놈들은 다 도둑놈들이야!!!"

내가 짐짓 모른 척하면서 물었다.

"왜요?"

"예금을 150억씩 넣어놔도 이자는 1프로도 안 줘. 150억에 1프로 해봐야 1억 5천밖에 안 되잖아. 그런데 내가 올해 들어 주식을 했는데 30억 가지고 10억을 벌었어. 그러니 은행 놈들이 도둑놈들이 맞지 뭐."

가만 듣고 있던 내가 넌지시 말했다.

"회장님, 진짜 그런 말 좀 안 하셨으면 좋겠어요."

"아니, 왜? 내가 뭐 틀린 말 했어?"

"정말 기억 안 나세요??? 2019년에 회장님 회사 내 아카데미로 쓴다고 바닥 면적 100평 되는 빌딩을 제게 알아봐 달라고 하셨지요? 그때 제가 빌딩을 몇 개나 보여줬어요? 한 60~70개쯤 되죠? 삼성동부터 해서 코엑스 옆에 있는 한전까지 강남에 있는 빌딩이란 빌딩은 다 뒤져서 괜찮은 물건 60~70개나 보여줬는데 결국 안 사셨죠?"

그제야 기억난 듯 회장님이 고개를 끄덕였다.

"그때 한전 옆 건물 사라 했잖아요. 만약 그때 회장님이 30억 주고, 나머지 170억은 수협은행에서 대출받아 샀으면 대체 얼마 남는 줄 아세요? 현재 그 빌딩이 500억이래요, 500억!"

"뭐어~ 500억???"

회장님 눈이 금방이라도 튀어나올 듯했다.

"네, 500억요. 근데 주식 투자해서 꼴랑 10억 번 것 가지고, 은행 놈들을 도둑놈 취급하면 이게 말이 돼요? 회장님이 그때 제 말만 들었어도 300억이 남을 수 있었는데, 그 좋은 기회를 줬는데도 안 해놓고 왜 나한테 예금이자가 작다, 도둑놈들이다 뭐라 해요?"

"……."

한마디도 대꾸 못 하는 회장님에게 마지막 결정타를 날렸다.

"게다가 회장님 예금을 담보로 아들 명의로 대출받고 빌딩 담보대출을 받았으면, 상속세도 거의 발생되지 않으면서 아들한테 300억 가까이 물려줄 수 있었잖아요!!! 어때요, 잘못하셨죠? 회장님, 수협은행은 이렇게 활용하는 것이에요. 후후후."

이후부터는 회장님이 나한테 꼼짝 못 했다.

기회라는 것은 언제 어떻게 올지 모른다. 기회가 왔을 때 잡지 않으면 뒤늦게 후회해도 소용없다.

그러나 결과가 어떻든, 내가 B원장과 L회장에게 나만의 장점을 살려 충분히 어필했던 것처럼, 마케팅할 때 고객의 입장에 서서 최선을 다해 이해하고 도와주면 분명 여러분에게도 복이 찾아올 것이다.

'살아 있는 금융마케팅 비법 + 돈이 보이는 은행이용 길잡이'

권선복(도서출판 행복에너지 대표이사)

전 연방준비은행 의장 앨런 그린스펀은 "문맹은 생활을 불편하게 하지만 금융문맹Financial illiteracy은 생존을 불가능하게 한다"라고 했다. 이는 단순히 금융업에 종사하는 사람들만의 이야기가 아니다. 하루가 다르게 금리가 요동치는 요즘, 은행을 이용하는 모든 고객에게도 해당하는 이야기다.

책 『동전의 옆면도 볼 줄 알아야 한다』는 기존에 출간된 금융마케팅 책들과는 확연히 차별화된다. 단순히 마케팅 이론만을 열거해 놓는 대신, 30년 가까이 금융 현장의 최전방을 지켜온 저자만의 살아 있는 마케팅 비법에 더해, 모든 은행 고객을 위한 유용한 팁들이 책 가득 담겨 있기 때문이다.

국내외적으로 무척 힘든 시기를 보내고 있지만, 저자의 바람처럼 이 책을 통해 후배 금융인들에게는 나도 할 수 있다는 긍정을, 은행 고객들에게는 행복한 미소가 전파되어, 대한민국 사람 모두에게 행복과 긍정에너지가 팡팡팡 샘솟기를 기원 드린다.

'행복에너지'의 해피 대한민국 프로젝트!

<모교 책 보내기 운동> <군부대 책 보내기 운동>

한 권의 책은 한 사람의 인생을 바꾸는 힘을 가지고 있습니다. 한 사람의 인생이 바뀌면 한 나라의 국운이 바뀝니다. 그럼에도 불구하고 많은 학교의 도서관이 가난하며 나라를 지키는 군인들은 사회와 단절되어 자기계발을 하기 어렵습니다. 저희 행복에너지에서는 베스트셀러와 각종 기관에서 우수도서로 선정된 도서를 중심으로 <모교 책 보내기 운동>과 <군부대 책 보내기 운동>을 펼치고 있습니다. 책을 제공해 주시면 수요기관에서 감사장과 함께 기부금 영수증을 받을 수 있어 좋은 일에 따르는 적절한 세액 공제의 혜택도 뒤따르게 됩니다. 대한민국의 미래, 젊은이들에게 좋은 책을 보내주십시오. 독자 여러분의 자랑스러운 모교와 군부대에 보내진 한 권의 책은 더 크게 성장할 대한민국의 발판이 될 것입니다.